# DAS GROSSE
# FILZ
# BASTELBUCH

Für Gavin, Jack, Kate und Thomas

Clare Beaton

# DAS GROSSE FILZ BASTELBUCH

## Einfache Objekte für jedes Alter

aus dem Englischen von Carol & Frank Gilges

rosenheimer

Titel der Originalausgabe: The Felt Book
Übersetzt aus dem Englischen von Arts & Ad, München
– Carol & Frank Gilges


ISBN 3-475-52820-7
Satz: Grafik Birkl, Riedering
Lithographie: Global Colour, Malaysia
Gesamtherstellung: New Interlitho SpA, Mailand

2 4 5 3 1

# INHALT


EINFÜHRUNG ............ 6

WERKZEUGE UND AUSRÜSTUNG ............ 8

KLEIDUNG ............ 10

SCHMUCK ............ 20

TRAUTES HEIM ............ 28

SPIELZEUG ............ 38

GESCHENKE ............ 48

BESONDERE ANLÄSSE ............ 56

VARIATIONEN ............ 68

STICHARTEN UND TECHNIKEN ............ 70

SCHABLONEN ............ 73

# EINFÜHRUNG

Der Legende nach wurde der Filz von St. Clemens erfunden, dem Schutzpatron der Filzhersteller, der Wolle in seine Schuhe stopfte, um seine Füße warmzuhalten, und dabei entdeckte, daß durch die Kombination von Wärme, Druck und Feuchtigkeit ein neues Material entstand. Dies ist in der Tat eine gute Beschreibung der Filzherstellung, doch stammt das Material Filz aus einer Zeit lange vor St. Clemens und ist mit Sicherheit der älteste von Menschen hergestellte Stoff, den wir kennen, und der lange vor dem gewobenen Stoff existierte. Seit undenklichen Zeiten stellen nomadische Volksstämme aus ganz Asien Kleidung, Zelte und Stiefel aus Filz her.

Heute ist und bleibt der Filz ein sehr wertvolles Material für die Industrie mit hundertfacher Verwendung. Dekofilz ist in Schaufensterdekorationen und bei der Gestaltung von Ausstellungen weitverbreitet. Als Bastelmaterial wurde der Filz im Laufe des 19. Jahrhunderts sehr beliebt. Damals bildeten wattierte und gestickte Applikationen von Blumen- und Früchtemustern auf einem Hintergrund entzückende gerahmte Bilder. In unserem Jahrhundert ist Filz als Material für Geschenke- und Haushaltsgegenstände beliebt. In jüngster Zeit gibt es ein künstlerisches Interesse an handgemachtem Filz.

Filz ist ein bemerkenswertes Material. Hergestellt durch Kompression, besitzt er gänzlich andere Eigenschaften als gewobener Stoff. Wenn man ihn schneidet, franst er nicht aus, dennoch ist Filz ein beständiges Material, das sich mit einer Nadel leicht durchstechen läßt. Filz gibt es in einer großartigen Vielfalt leuchtender, kräftiger Farben, zudem auch leicht und günstig zu kaufen. Er ist sehr leicht zu bearbeiten, da er genäht oder geklebt werden kann oder sogar als selbstklebender Filz erhältlich ist. Filz dient als idealer Untergrund für jede Art der Dekoration - Pailletten, Borten, dekorative Stickerei oder Perlen. Moderne Filze werden aus einer Mischung aus Viskose und Wolle hergestellt und können mit einem Schwamm oder chemisch gereinigt werden.

Dieses Buch ist in einzelne Abschnitte unterteilt. Jeder behandelt ein eigenes Thema, sowohl mit Beschreibung als auch mit bildlichen Anleitungen für die abgebildeten Objekte. Einige sind leichter auszuführen als andere, jedoch benötigt man für keines besondere Vorkenntnisse. Weiß man, was man basteln möchte, schlägt man zunächst die betreffenden Schablonen auf, um die benötigte Filzmenge festzustellen. Die einzelnen Einkaufslisten dienen als Richtlinien. Vorsicht, evtl. braucht man mehrere Exemplare der einzelnen Filzteile für das gesamte Objekt!

Filz gibt es in verschiedenen Größen zu kaufen, sowohl auf Märkten als auch in Stoff- und Bastelgeschäften. Er wird nach Metern, in unterschiedli-

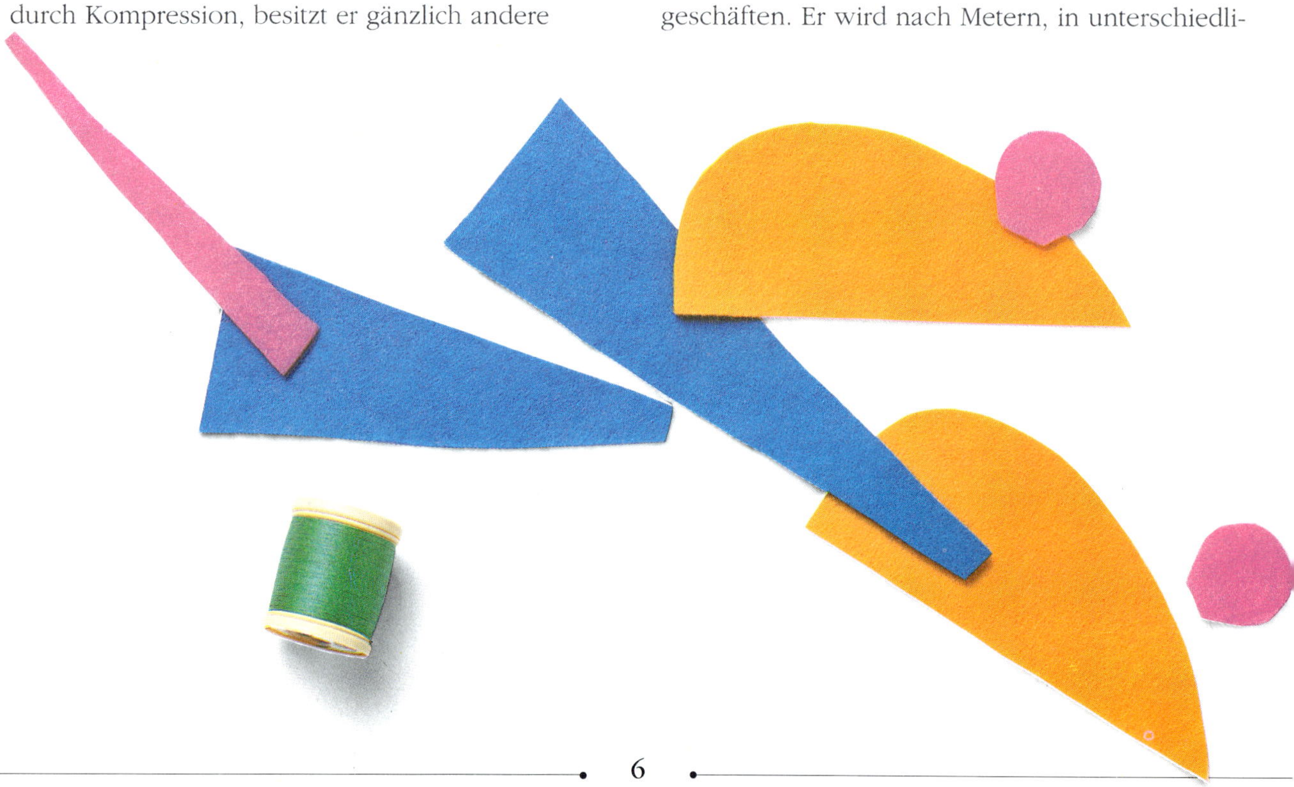

chen Breiten, verkauft (alle handelsüblichen Breiten sind für die in diesem Buch enthaltenen Artikel ausreichend), oder in Quadraten unterschiedlicher Größe. Die Anleitungen auf der Seite "Tips" sollten vor dem Zuschnitt der Filzteile durchgelesen werden.

Die "Variationen" auf den Seiten 68-69 enthalten einige Ideen zur Ausführung der Techniken und zum Gebrauch der Schablonen, um die abgebildeten Objekte in anderen Kombinationen und Farben zu erstellen. Verschiedene Möglichkeiten, die beschriebenen Motive individuellen Wünschen anzupassen, finden sich ebenfalls in allen Kapiteln. Filz ist ein sehr vielseitiges, wie auch attraktives Material. Wenn Sie sich erst einmal mit dem Filz vertraut gemacht haben, hoffe ich, daß Sie dieses Buch - zusammen mit der riesigen Vielfalt der inzwischen erhältlichen Farben - dazu inspirieren wird, eigene Filzkreationen zu entwerfen und anzufertigen.

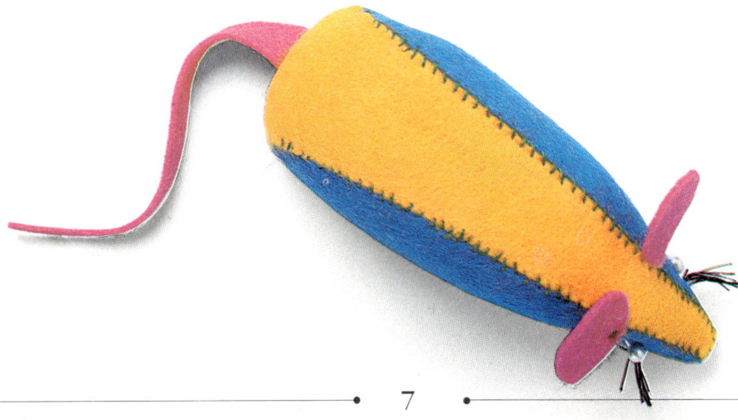

# Werkzeuge und Ausrüstung

Für die Arbeit mit Filz braucht man keine besonderen Werkzeuge oder Ausrüstung, einer der Gründe für ihre wachsende Popularität. Wahrscheinlich haben Sie alles, was Sie benötigen, bereits zu Hause, außer vielleicht einer Zickzackschere, die dabei hilft, die attraktiven Zickzackränder einiger der Objekte zu gestalten. Bleistift, Durchschlagpapier und Stecknadeln brauchen wir, um die Schablonen, die sich im hinteren Teil des Buches befinden, zu übertragen. Filz ist ein wunderbarer Hintergrund für alle Arten dekorativer Stickerei, für Pailletten, Perlen, Verzierungen und anderes. Für einige der in diesem Buch beschriebenen Projekte benutzt man

Pailletten

Perlen

scharfe Schere

Zickzackschere

farbige Kordel

Perlenkopf-nadeln

*Bleistift*

*Garnrollen in verschiedenen Farben*

*Maßband*

Wollfäden in den gleichen Farben wie die Filzteile, für andere werden Kontrastfarben verwendet, mit entzückenden, oftmals unerwarteten Ergebnissen. Experimentieren Sie mit den Entwürfen, und lassen Sie sich von der Vielfalt der Möglichkeiten überraschen!

Die meisten Dinge werden handgenäht. Auch wenn die Nähmaschine ab und zu eingesetzt wird (z.B. für die Matisse-Kissenbezüge auf den Seiten 30-31), ist es ein solches Vergnügen, Filz per Hand zu nähen, daß es fast zu schade scheint, überhaupt die Maschine zu benutzen!

### Verschlüsse

Für die verschiedenen Objekte in diesem Buch werden unterschiedliche Verschlüsse vorgeschlagen. Druckknöpfe eignen sich besonders für Puppenkleidung. Größere Druckknöpfe sind für Kinder leichter auf- und zuzumachen. Klettpunkte können benutzt werden, indem die schwarzen oder weißen Tupfen entweder Teil des Designs werden (wie im "Blühenden Busch" auf den Seiten 36-37) oder verdeckt verwendet werden (wie in der "Vogeltasche" auf Seite 51). Knöpfe mit Filzschlaufen wirken fröhlich und frisch. Sie können auch Ihre eigenen wattierten Filzknöpfe machen (siehe Früchte-Halskette auf Seite 26).

*Nähseide*

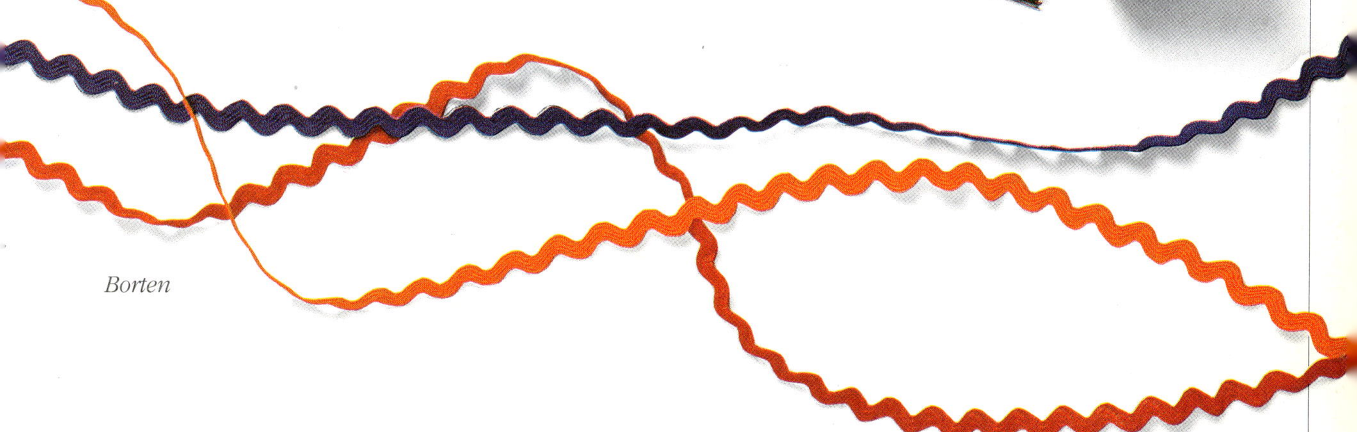

*Borten*

# KLEIDUNG

Filz wurde schon immer wegen seiner Haltbarkeit, Wärme und Farbe geschätzt. Trachtenhüte und -stiefel werden aus Filz gemacht, und er wird als Dekorationsmaterial für Hosenträger, Gürtel und Westen verwendet. Die Objekte in diesem Abschnitt folgen dieser Tradition und sind reizvolle Ergänzungen zu jeder Garderobe. Die Kragen können anstelle der üblichen Spitzenkragen über einem Woll- oder Samtkleid getragen werden.

# KATZENKRAGEN

## WAS ZU TUN IST

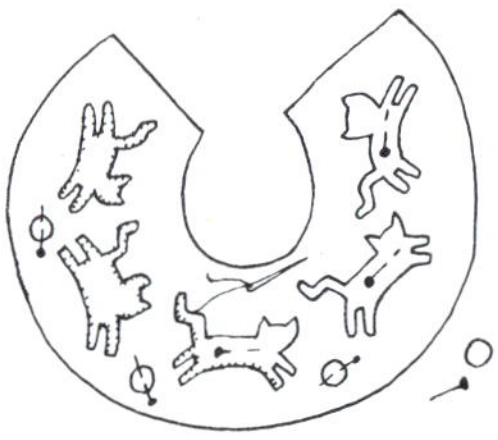

*1 Stecken Sie die Katzen in gleichmäßigen Abständen und abwechselnden Farben am Kragen fest, und nähen Sie diese mit gleichfarbigem Garn an. Fügen Sie auf gleiche Weise die roten Bommeln, wie gezeigt, hinzu.*

*2 Heften Sie den roten Streifen, links beginnend, von vorne um die Halskante. Ein Überschuß von 5 mm steht an der linken Seite über.*

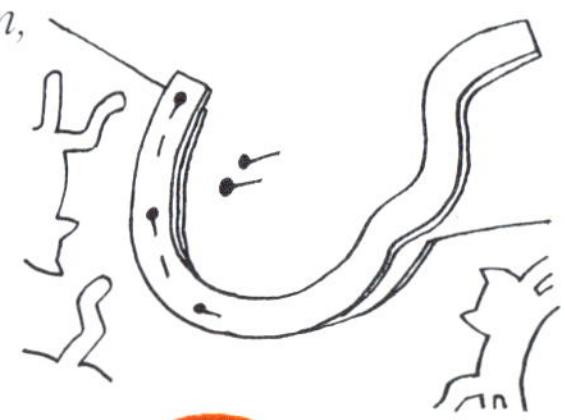

**EINKAUFSLISTE**
Filz:
1 x 20 cm Quadrat - grau
1 x 20 cm Quadrat - weiß
Sreifen - rot: 37 cm x 2 cm
1 x 32 cm Quadrat - dunkelblau
Reststück - rot
1 Knopf - dunkelblau
Garn in passenden Farben

*3 Nähen Sie den Streifen per Hand oder mit der Nähmaschine in engem Reihstich mit rotem Garn an der Oberkante fest.*

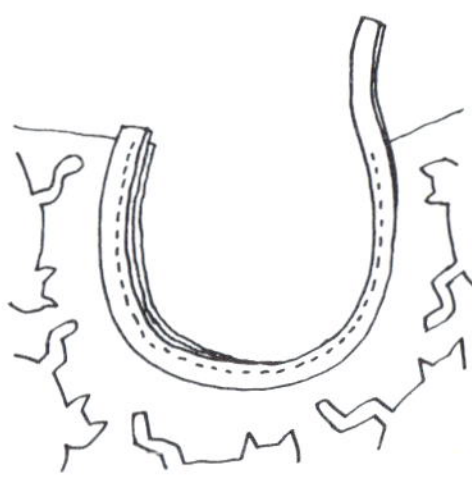

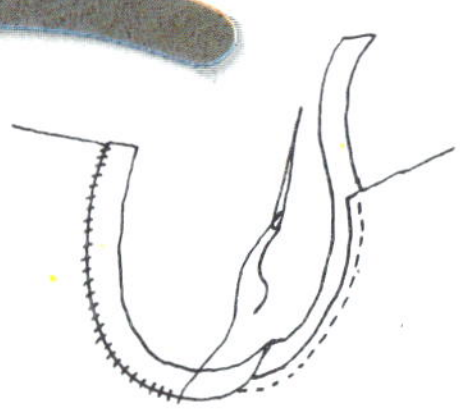

**ZUM AUSSCHNEIDEN**
Siehe Schablonen 1-3 auf Seite 74.
Kragen und Applikationen ausschneiden.

*4 Falten Sie den Überhang von 5 mm nach innen, und stecken Sie den roten Streifen an der Rückseite fest. Nähen Sie diesen an der Kante mit kleinen Gegenstichen an.*

*5 Am rechten Rand angelangt, wird der Überhang zusammengenäht, ebenfalls mit Gegenstichen.*

*6 Machen Sie nun die Schlaufe für den Knopf, dabei Streifen doppeltschlagen und Ende (1 cm) unter den Streifen auf der Rückseite nähen. Nähen Sie den Knopf unterhalb des Streifens auf die Vorderseite am anderen Ende. Bügeln. (Sie können auch selbst einen Knopf aus Filz machen, siehe Abb.)*

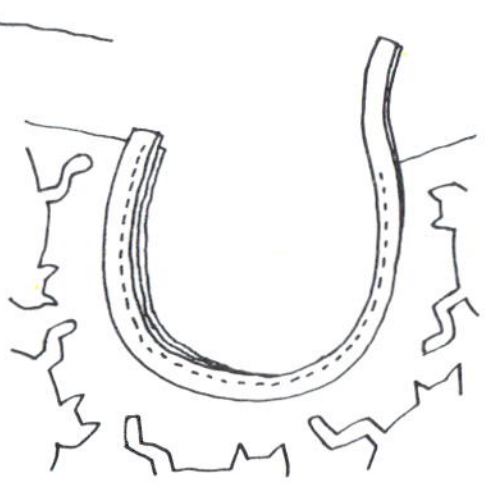

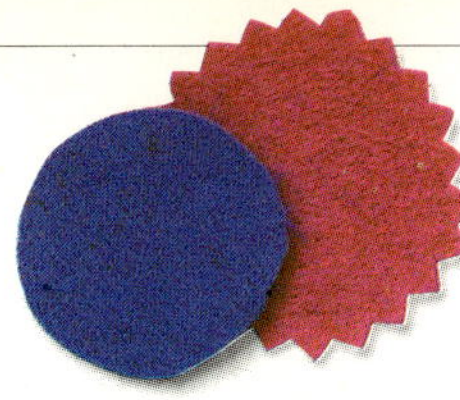

# BLUMENKRAGEN

## ZUM AUSSCHNEIDEN

Siehe Schablonen 4-12 auf Seite 75.
Kragen und Applikationen,
teils mit Zickzackschere,
ausschneiden.

## EINKAUFSLISTE

Filz:
1 x 20 cm Quadrat - lila
1 x 20 cm Quadrat - gelb
1 x 20 cm Quadrat - grün
1 x 20 cm Quadrat - rosa
1 x 20 cm Quadrat - blau
1 x 37 cm x 2 cm
Streifen - rosa,
eine Längsseite
mit Zickzackkante
1 x 40 cm x 30 cm - türkis
1 Knopf - türkis
vierfädige Wolle - gelb
Garn in passenden Farben

## WAS ZU TUN IST

1 *Heften Sie die grünen Blätter und Stengelteile auf der Vorderseite des Kragens spiegelbildlich fest, wie abgebildet. Nähen Sie Blätter und Stengel mit kleinen Gegenstichen in gleichfarbigem Garn an - eine rosa Knospe (links) und eine gelbe Knospe (rechts) werden jeweils unter die Zickzackkante des Stengels gelegt und angenäht.*

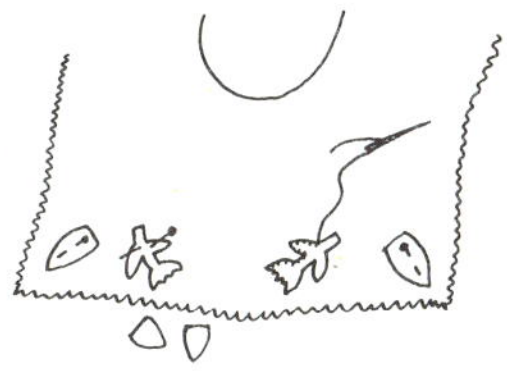

2 *Setzen Sie die Blumen zusammen. Nähen Sie die lila Blütenblätter fest, legen Sie zuerst rosa (oder gelbe), dann blaue Kreuze darauf, und schließlich den rosa (oder gelben) Kreis mit Zickzackrand. In der Mitte zusammenheften.*

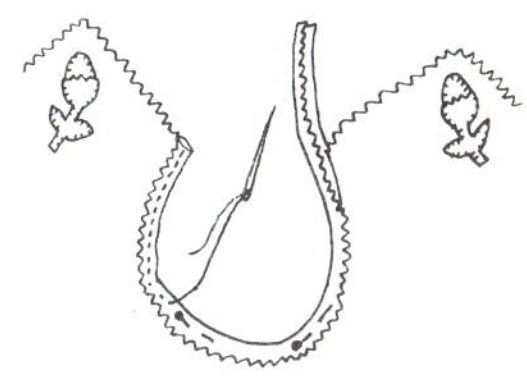

5 *Links beginnend, den rosa Streifen um die Halskante, mit Zickzackrand nach vorne, anheften. Ein Überschuß von 5 mm steht an der linken Seite über. Den Rand mit der Zickzackschere abschneiden. Hier anfangend, nähen Sie in kleinem Reihstich mit gleichfarbigem Garn durch alle drei Schichten.*

3 *Legen Sie die blauen Kreise obenauf, und nähen Sie sie mit sieben Stichen aus gelber Wolle fest.*

4 *Nähen Sie die Knospen und Stengel von hinten fest. Rosa in der linken Ecke, gelb in der rechten.*

6 *Machen Sie nun die Schlaufe für den Knopf: Zickzackkante des Überhangs rollenförmig umschlagen und mit Gegenstichen zusammennähen. Schlagen Sie die Rolle doppelt und nähen Sie das Ende (1 cm) unter den Streifen auf der Rückseite fest. Schließlich wird der Knopf auf der gegenüberliegenden Kragenseite unterhalb des Streifens angenäht.*

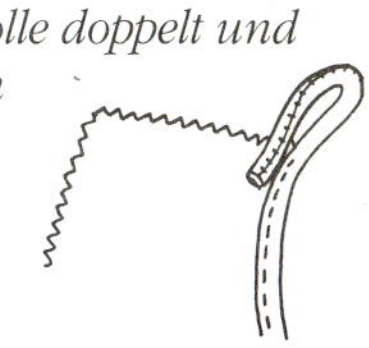

# VOGELHUT

**EINKAUFSLISTE**
Filz:
25 cm - blau
1 x 20 cm Quadrat - rot
1 x 20 cm Quadrat - wollweiß
Sportwolle - rot
vierfädige Wolle - schwarz
6 kleine Perlen - schwarz
Garn in passenden Farben

**ZUM AUSSCHNEIDEN**
Siehe Schablonen 13-16
auf Seite 76.
Blaue Krempe, 20 cm x 54 cm, sowie vier blaue Kopfteile und Applikationen ausschneiden.

**WAS ZU TUN IST**

1 *Nähen Sie die Kopfteile mit roter Wolle zusammen, indem Sie jeweils die Kanten zusammenlegen und an den Spitzen beginnen. Fügen Sie alle 4 Teile in Schüsselform auf diese Weise zusammen.*

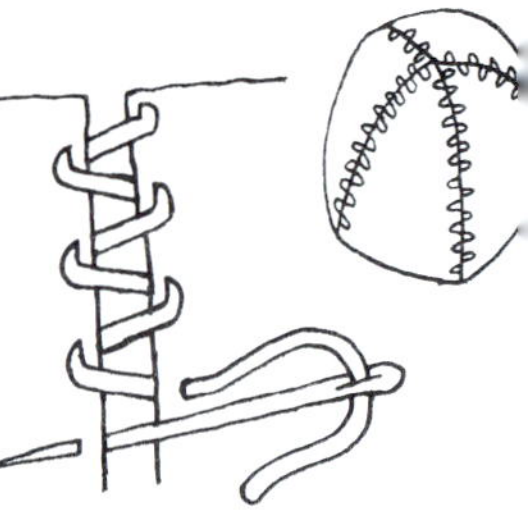

2 *Von einer Naht beginnend, heften Sie die Krempe an der Unterkante der "Schüssel" an und stecken sie fest. Schlagen Sie die Krempe um, und stecken Sie die Kante an der bereits angehefteten Linie fest.*

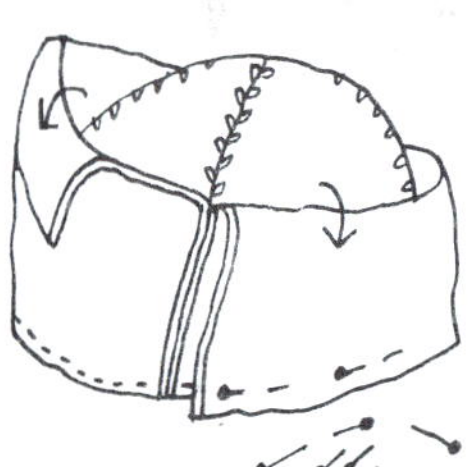

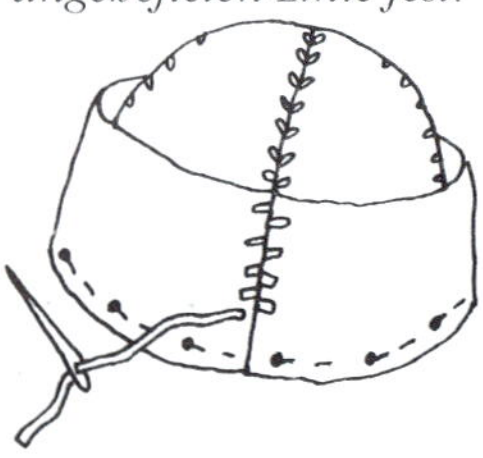

3 *Nähen Sie die Kanten der Krempe auf gleiche Weise wie die Kopfteile zusammen.*

4 *Die Ober- und Unterkante der Krempe werden in Gegenstich mit roter Wolle umnäht.*

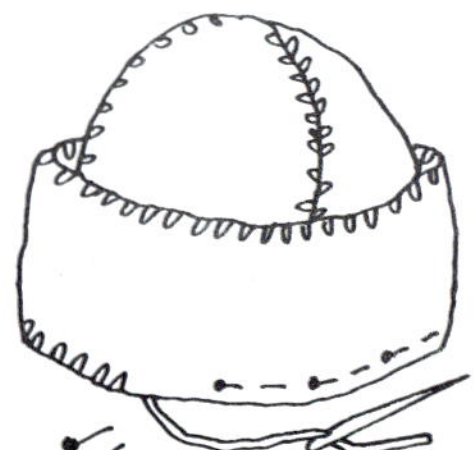

5 *Die Vogelkörper werden in gleichmäßigen Abständen, abwechselnd in rot und wollweiß, festgesteckt und in jeweils passendem Garn aufgenäht. Fügen Sie dann Flügel und Schnäbel hinzu, rot auf wollweiß und umgekehrt.*

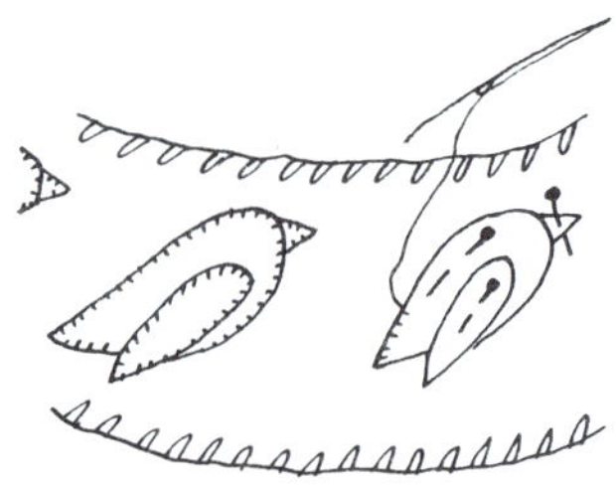

6 *Schließlich Perlen als Augen aufnähen. Die Beine und Füße werden jeweils aus drei Stichen schwarzer Wolle aufgenäht.*

# PANTOFFELN

**EINKAUFSLISTE**

Filz:
25 cm - grün
1 x 20 cm Quadrat - blau
1 x 20 cm Quadrat - rot, dicke Qualität
vierfädige Wolle - rot
vierfädige Wolle - gelb
starkes Maschinengarn - grün

## ZUM AUSSCHNEIDEN

Siehe Schablonen 32-35 auf den Seiten 80-81. Diese Größe entspricht Größe 36. Andere Größen sind möglich, indem Sie einen Umriß des Fußes auf Papier zeichnen und die Filzteile passend schneiden. Teile ausschneiden und auf beide Pantoffeln aufteilen.

## WAS ZU TUN IST

1 *Stecken Sie zwei grüne Teile aneinander, und nähen Sie sie mit grünem Garn zusammen. Umnähen Sie die gesamte Oberkante mit gelber Wolle.*

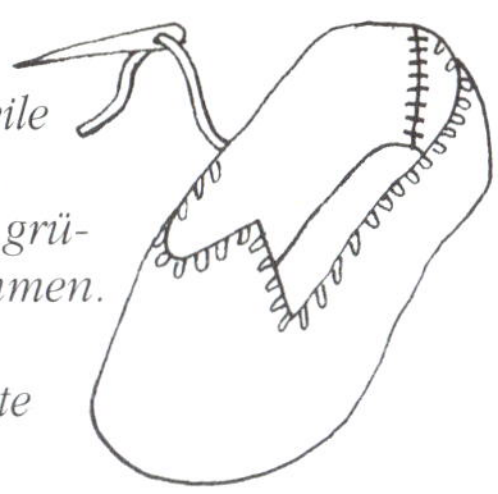

2 *Stecken Sie die blaue Kappe passend zur runden Kante fest, und nähen Sie sie mit gelbem Gegenstich an.*

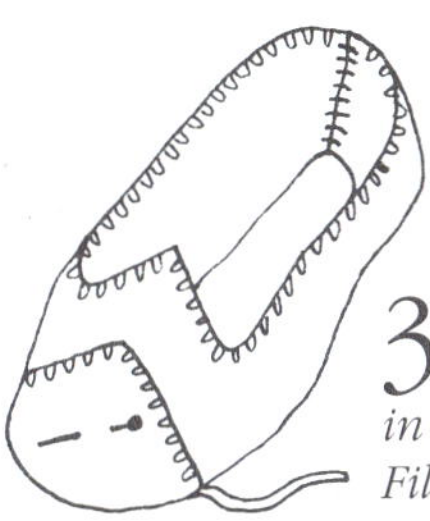

3 *Umstecken Sie die gesamte Unterkante in gelb durch alle Filzlagen.*

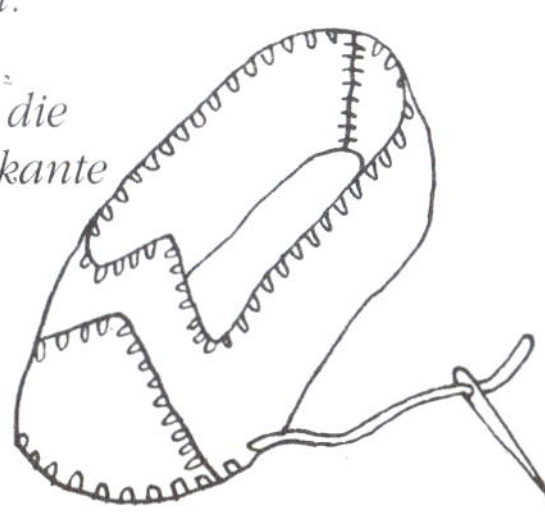

4 *Stecken Sie das blaue Rückenteil fest, schlagen es um und klappen es um die hintere Naht, damit die Spitzen oben aufeinanderliegen. An den Pantoffel nähen, die Spitzen in gelbem Gegenstich zusammennähen.*

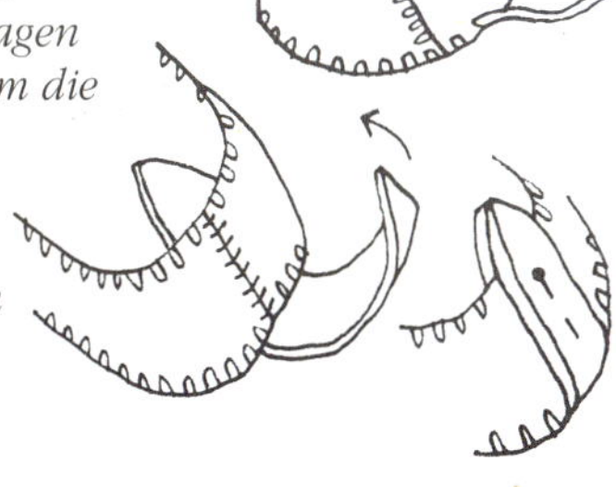

5 *Nun sticken Sie gelbe und rote Sterne vorne auf. Vorsicht, nicht nach innen durchstechen!*

6 *Machen Sie Bommeln aus roter Wolle, mit einem Durchmesser von 3,5 cm, und nähen Sie diese auf die blaue Kappe.*

7 *Stecken Sie das Oberteil auf die Sohle fest, und nähen Sie die Teile mit der Nähmaschine in grünem Garn mit einer Doppelnaht am Rand aneinander. Handnähen ist möglich, Maschinennaht aber stabiler. Zweiten Pantoffel genauso verarbeiten.*

# FÄUSTLINGE

**EINKAUFSLISTE**
Filz:
2 x 20 cm Quadrat - rot
2 x 20 cm Quadrat - türkis
Reststücke - grün, gelb
vierfädige Wolle - schwarz
vierfädige Wolle - gelb
2 x 25 cm schwarze Wollkordel

**ZUM AUSSCHNEIDEN**
Siehe Schablonen 23-26 auf Seite 77. Teile ausschneiden und auf beide Fäustlinge aufteilen.

## WAS ZU TUN IST

*1 Legen Sie die vier Teile als "Sandwich" aufeinander - Reihenfolge: rot, 2 x türkis, rot - und stecken sie an der Rundung und am Daumen zusammen.*

*2 Schlagen Sie je eine rote und türkise Lage an der Unterkante (2,5 cm) um, und schneiden Sie, 2,5 cm vom Rand beginnend, 8 Schlitze in gleichmäßigen Abständen in die Falte. Wiederholen Sie den Vorgang mit den übrigen 2 Lagen.*

*3 Nähen Sie nun die Fäustlinge mit Schlingstichen in schwarzer Wolle zusammen. Beginnen Sie an einer Seite, 4 cm über der Unterkante, und nähen Sie durch alle 4 Lagen bis zur gleichen Stelle auf der anderen Seite. Umnähen Sie die übrigen Ränder auf gleiche Weise, jeweils durch 2 Lagen.*

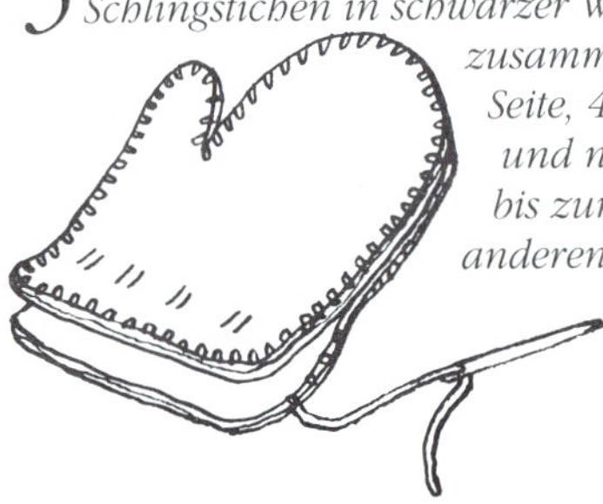

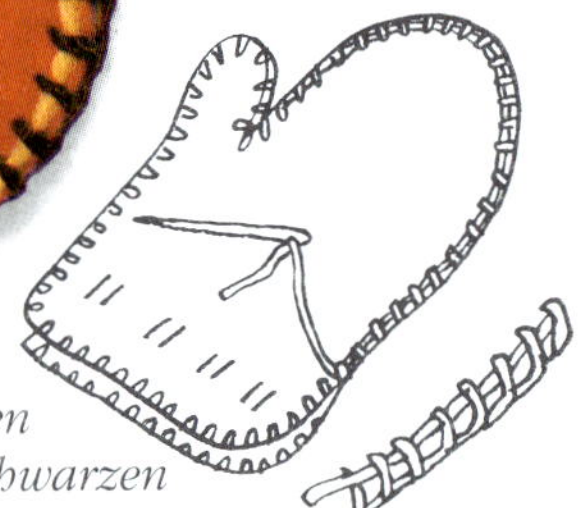

*4 Mit einer Nadel ziehen Sie einen gelben Wollfaden unter den schwarzen Stichen hindurch um die gesamte Vorderseite des Fäustlinges. Am Ausgangspunkt angelangt, lassen Sie, anstelle eines Knotens, die Wolle 2 cm überlappen.*

*5 Nähen Sie Blume und Blätter mit schwarzer Wolle mittig auf die Vorderseite: zunächst die Blätter, dann die Blumenteile, mit einem Wollknoten in der Mitte. Nähen Sie hierbei nur durch die rote Lage.*

*6 Stecken Sie schwarze Wollkordel durch die Schlitze. Machen Sie den zweiten Fäustling auf gleiche Weise. Hierbei die Teile spiegelbildlich zum ersten Fäustling arrangieren.*

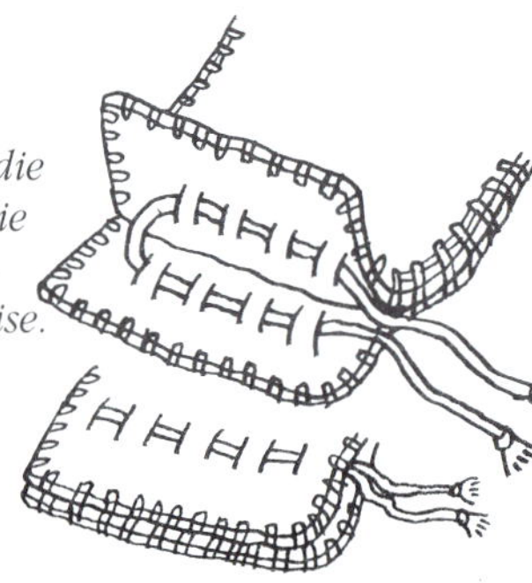

# BABY-PANTOFFELN

**Hinweis:** *Diese Pantoffeln sind für Säuglinge am besten geeignet. Bei Kleinkindern verwendet man roten Filz in dicker Qualität für die Sohle, und die Schablonen werden vergrößert.*

**EINKAUFSLISTE**

Filz:
1 x 20 cm Quadrat - rot
1 x 20 cm Quadrat - türkis
Reststücke - grün, gelb
2 x 1 cm x 30 cm Streifen - rot
vierfädige Wolle - schwarz
vierfädige Wolle - gelb

**ZUM AUSSCHNEIDEN**

Siehe Schablonen 17-22 auf den Seiten 76-77. Teile ausschneiden und auf beide Pantoffeln aufteilen.

## WAS ZU TUN IST

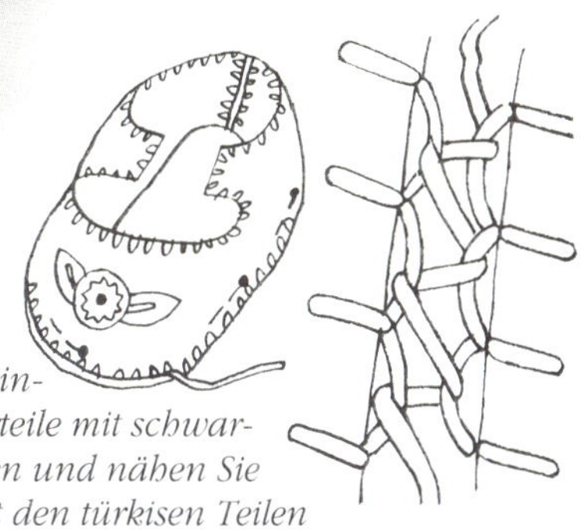

1 *Nähen Sie Blume und Blätter vorne auf das rote Oberteil: erst zwei Blätter mit großem schwarzen Wollstich annähen, dann die türkisen und gelben Scheiben, mit einem Wollpunkt in der Mitte, befestigen.*

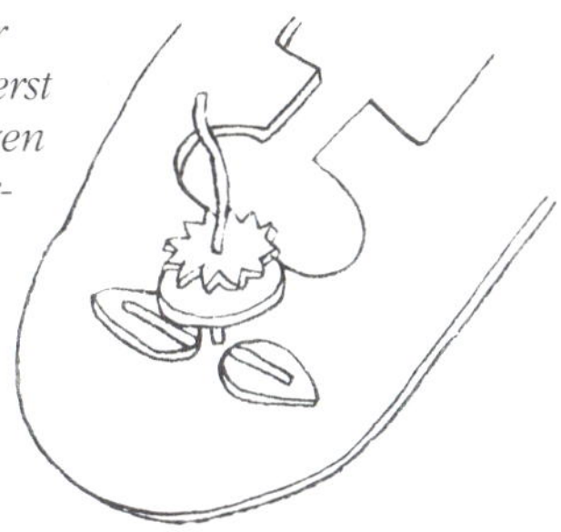

2 *Die roten und türkisen Oberteile aufeinanderstecken und alle Ränder mit Schlingstich in schwarzer Wolle umnähen.*

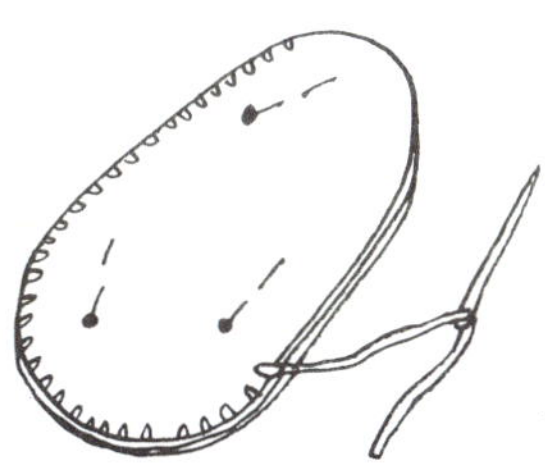

3 *Nähen Sie die roten und türkisen Sohlen mit Schlingstich in schwarzer Wolle zusammen.*

4 *Schließen Sie die hintere Naht der Oberteile mit schwarzem Gegenstich. Stecken und nähen Sie Sohle und Oberteil, mit den türkisen Teilen nach innen, auf gleiche Weise aneinander.*

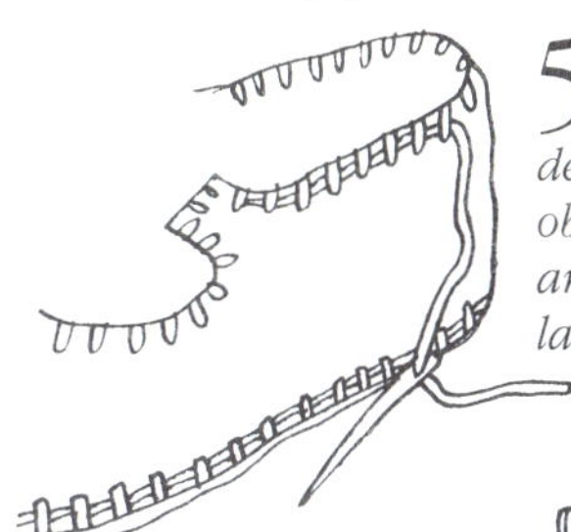

5 *Mit einer Nadel ziehen Sie einen gelben Wollfaden unter den schwarzen Stichen um die obere Kante des Oberteils. Wieder am Ausgangspunkt angelangt, lassen Sie, anstelle eines Knotens, die Wolle 2 cm überlappen.*

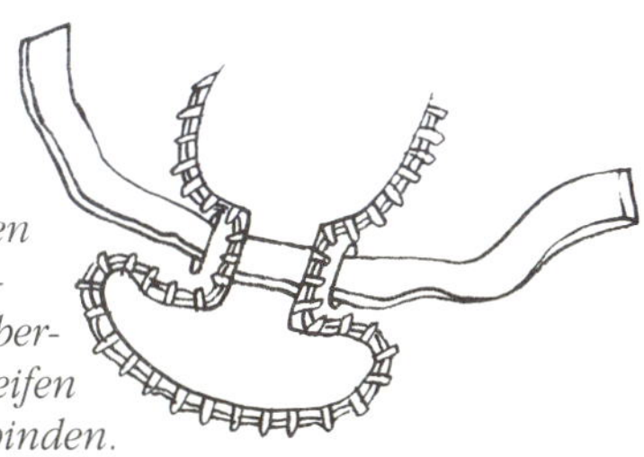

6 *Schneiden Sie einen 1 cm x 30 cm-Streifen aus rotem Filz aus. Schneiden Sie, wie in Abb., einen 1 cm-Schlitz in beide Seiten des Oberteils, und führen Sie den Streifen durch die Schlitze. Schleife binden.*

*Der zweite Pantoffel wird auf die gleiche Weise angefertigt.*

# WESTE

**EINKAUFSLISTE**
Filz:
1 m - rot
1 m - schwarz
1 x 20 cm Quadrat - wollweiß
vierfädige Wolle - schwarz
Garn - wollweiß,
schwarz

**ZUM AUSSCHNEIDEN**
Siehe Schablonen 27-31 auf den Seiten 77-79. Westenteile und Applikationen ausschneiden.

## WAS ZU TUN IST

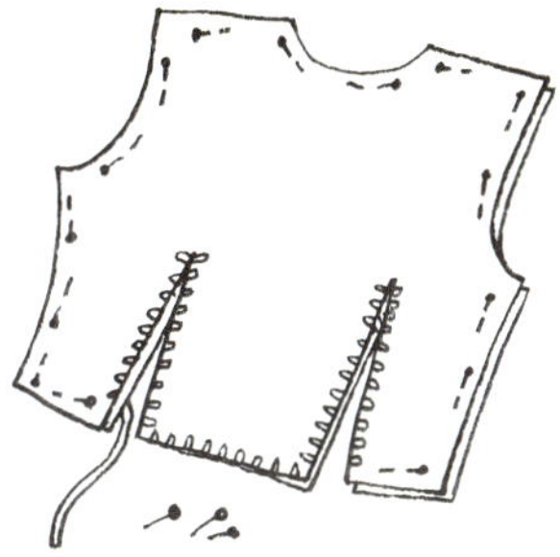

*1 Sie stecken die beiden Rückenteile aneinander und nähen sie mit 1 cm großen Schlingstichen aus Wolle an den Rändern zusammen (inkl. Abnäher). Falls die Teile nicht exakt aufeinanderpassen, schneiden Sie sie mit der Schere zurecht. Benutzen Sie einen möglichst langen Wollfaden, um ein Anstückeln zu vermeiden.*

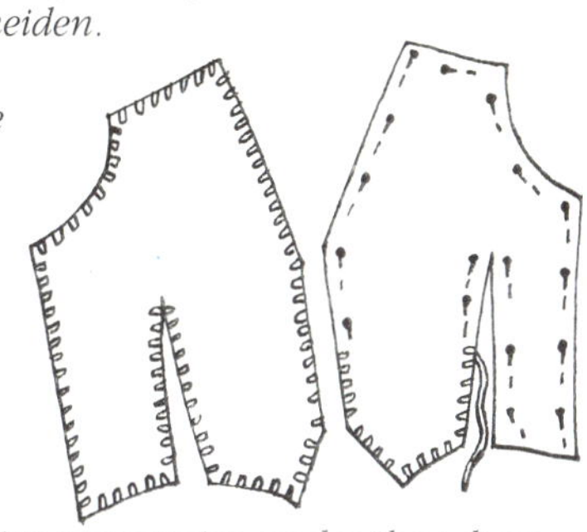

*2 Nähen Sie beide Vorderteile auf gleiche Weise zusammen. Vergewissern Sie sich, daß eine linke und eine rechte Seite entstehen.*

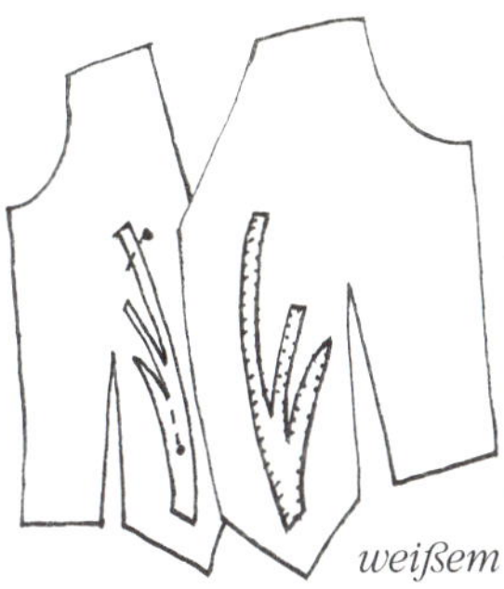

*3 Jetzt kommen die Tulpen auf die beiden roten Vorderteile. Sie stecken die Blätter fest, von der Mitte weggeneigt, und nähen diese mit kleinen schwarzen Gegenstichen an, ohne in den schwarzen Filz durchzustechen.*

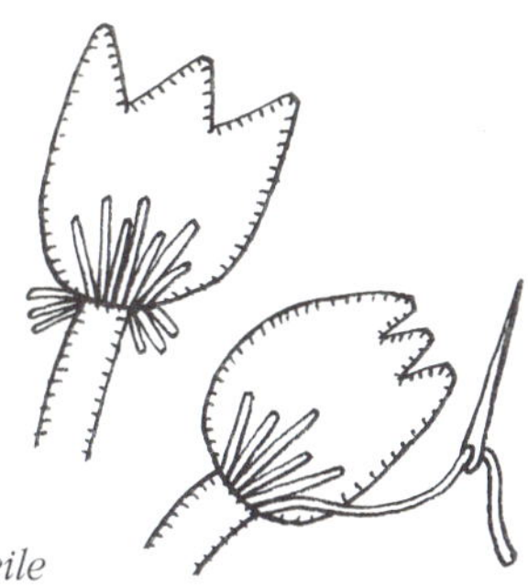

*4 Stecken Sie die wollweißen Blumen fest, und nähen Sie sie mit wollweißem Gegenstich auf. Fügen Sie, wie gezeigt, etwa 7 Linien pro Blume mit großen schwarzen Stichen sowie 3 Linien auf beiden Seiten der Stengel hinzu.*

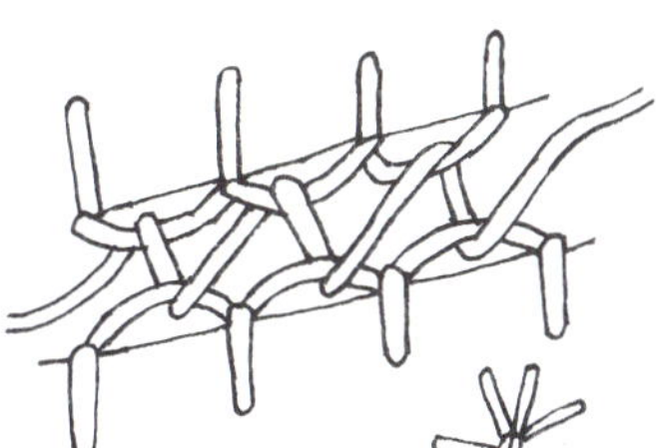

*5 Die Abnäher werden mit schwarzer Wolle vernäht, indem man die vorhandenen Schlingstiche mit kleinen Gegenstichen verbindet, (schwarze Filzteile Kante an Kante aneinanderlegen und am Rand verbinden).*

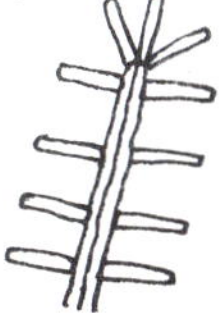

*6 Schließlich Vorder- und Rückenteile an den Schultern und Seiten auf die gleiche Weise verbinden.*

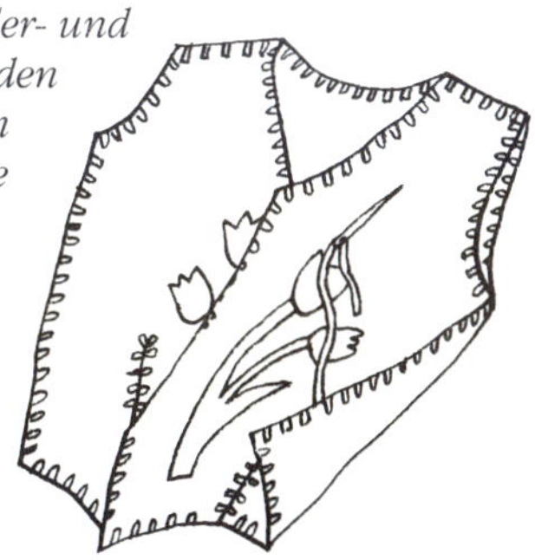

Eine attraktive Alternative bilden rote Tulpenmuster auf einer wollweißen Weste.

# SCHMUCK

Zwischen den 20er und 40er Jahren gelangte Schmuck aus Filz zu großer Beliebtheit. Insbesondere wurden Filzblumen in einer großen Vielfalt von Schmuckstücken verarbeitet, so z.B. zu Halsketten, Broschen und Sträußchen, die am Revers oder als Hutschmuck getragen wurden. Die Früchte-Halskette und die Tierbroschen auf den Seiten 26 und 27 sind eher von folkloristischen Einflüssen geprägt. Von den gezeigten Dingen ausgehend, kann man eigene Ideen entwickeln, in denen Reststücke von größeren Projekten Verwendung finden.

# Blumen-Halsschmuck

## WAS ZU TUN IST

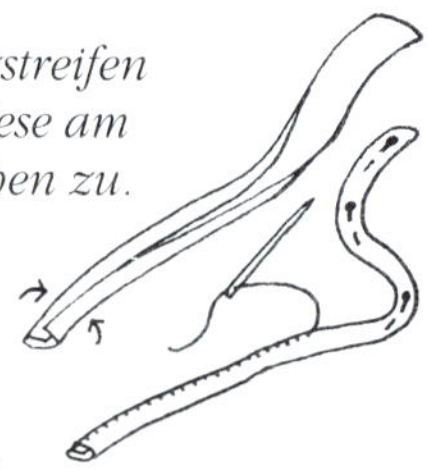

*1 Machen Sie aus den schwarzen Filzstreifen jeweils eine Rolle, und nähen Sie diese am Rand mit kleinen schwarzen Gegenstichen zu.*

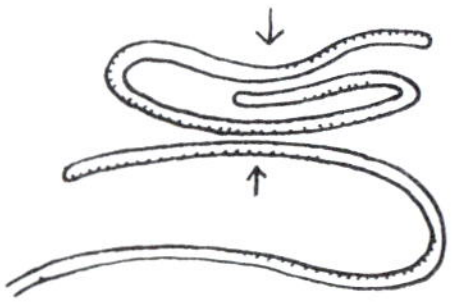

*2 Binden Sie den kürzeren Streifen zu einer Schleife, mit zwei Schlaufen und einem längeren Ende, wie abgebildet. Schlaufe mit schwarzem Garn in der Mitte, 9 cm vom einen Ende des zweiten, langen Streifens entfernt, zusammenheften.*

*3 Sie wickeln ein kleines Viereck schwarzen Filzes um die Mitte der Schlaufe und befestigen die Enden an der Seite (das Ende des langen Streifens zeigt nach links unter der Schleife). Mit einigen Stichen durch die Kordel nähen, damit nichts mehr rutscht. Unterteil des Druckknopfes an die linke Seite dieses Knotens, Oberteil an das Ende des längeren Streifens nähen.*

*4 Streifen umdrehen und Filz-Halbmond in der Mitte des Schmucks mit kleinen schwarzen Gegenstichen annähen.*

### EINKAUFSLISTE

Filz:
1 x 52 cm x 2 cm Streifen - schwarz
1 x 42 cm x 2 cm Streifen - schwarz
1 x 20 cm Quadrat - schwarz
Reststücke - rosa, gelb, orange, lila, malve, türkis, grün
Druckknopf
Garn - schwarz und passende Farben

### ZUM AUSSCHNEIDEN

Siehe Schablonen 36-40 auf Seite 82. Streifen, schwarzen Halbmond für Hintergrund, Blätter (etwa 18) und Blumen (etwa 37 in verschiedenen Größen, teilweise mit Zickzackrand) sowie kleine Kreise für Blumenmitten ausschneiden.

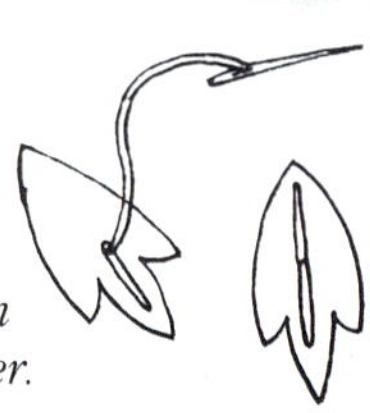

*5 Mit doppeltem grünen Garn nähen Sie Adern auf die Blätter.*

*6 Links beginnend (Druckknopf auf der Unterseite), Blumen und Blätter mit gleichfarbigem Garn oder in Kontrastfarben auf den Halbmond aufnähen. Nähen Sie auch jeweils die Blumenmitten fest. Blumen überlappen lassen, bis der Hintergrund komplett bedeckt ist.*

# Ohrringe

**EINKAUFSLISTE**
Filz:
Reststücke in
verschiedenen Farben
2 Clips (für Ohrringe)
buntes Garn

**ZUM AUSSCHNEIDEN**
Siehe Schablonen 37-40 auf Seite 82. 2 schwarze Ovale sowie für jeden Ohrring 2 Blätter und 7 Blumen ausschneiden.

## WAS ZU TUN IST

1 *Mit doppeltem grünen Garn nähen Sie Adern auf die Blätter.*

2 *Nähen Sie die Blumenmitten mit verschiedenfarbigen Garnen und unterschiedlichen Stichen auf die Blumen.*

3 *Blätter und Blumen auf beiden schwarzen Ovalen überlappend annähen (identisch anordnen). Clips an der Rückseite der Ovale festnähen.*

# Haarspangen

**EINKAUFSLISTE**
Filz:
Reststücke in verschiedenen
Farben
2 Haarspangen - metall
buntes Garn
Textilkleber

**ZUM AUSSCHNEIDEN**
Siehe Schablonen 37-40 auf Seite 82. Für jede Haarspange 2 Blätter und 5 Blumen ausschneiden, alle Teile können unterschiedlich sein.

## WAS ZU TUN IST

1 *Mit doppeltem grünen Garn nähen Sie Adern auf die Blätter. Nähen Sie die Blumenmitten mit verschiedenfarbigen Garnen und unterschiedlichen Stichen auf die Blumen.*

2 *Blätter und Blumen auf die Haarspangen überlappend ankleben, so daß die Spangen komplett bedeckt sind.*

# BLUMENSTRAUSS

## EINKAUFSLISTE

Filz:
1 x 20 cm Quadrat - wollweiß
1 x 20 cm Quadrat - blaßrosa
1 x 20 cm Quadrat - fleischfarben
1 x 20 cm Quadrat - grün
1 x 20 cm Quadrat - braun
Sicherheitsnadel
Textilkleber
Garn in passenden Farben

## ZUM AUSSCHNEIDEN

Siehe Schablonen 41-48 auf Seite 82. Teile ausschneiden. Blütenblätter und gefranste Streifen auf zwei Blumen aufteilen.

## WAS ZU TUN IST

1 *Sie nähen eine Mittelnaht auf alle Blätter und Blüten, indem Sie diese doppeltschlagen und die Naht in passendem Garn umnähen. Beginnen Sie hierbei an der geraden Unterkante der Blütenblätter und bei den Blättern an einer der Blattkanten, und umnähen diese bis 5 mm vor das andere Ende.*

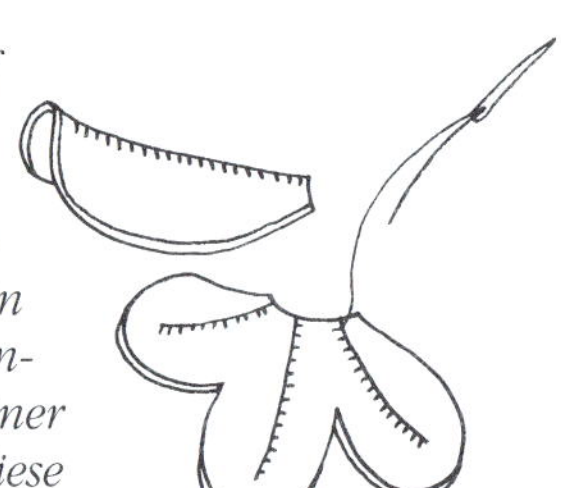

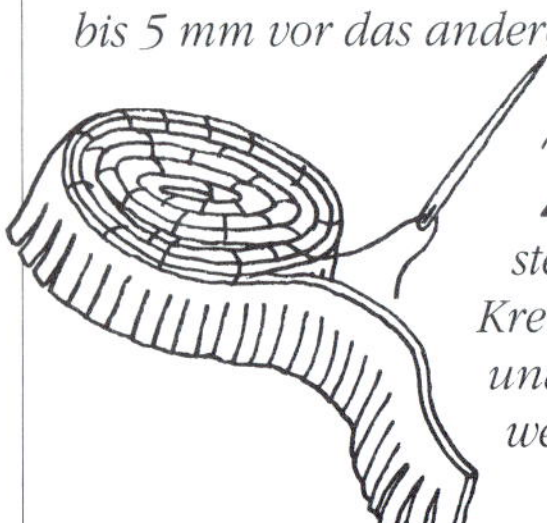

2 *Nun machen wir die Blumen. Blumenmitte: Rollen Sie die gefransten Streifen zu einem flachen, groben Kreis zusammen. Erst wollweiß, dann rosa, und schließlich fleischfarben. Streifen jeweils hinten aneinandernähen.*

3 *Wollweiße Blätter um Blütenmitte (Naht hinten!) feststecken und annähen. Dann die fleischfarbenen Blätter hinzufügen, zuletzt die 3 einfachen fleischfarbenen Blätter zwischen den letzten 6 Blättern einfügen.*

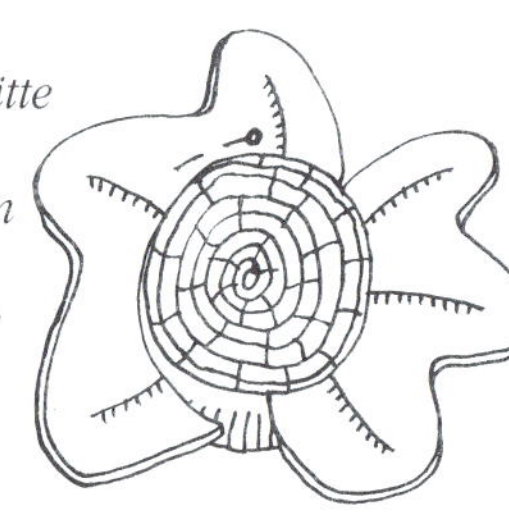

4 *Für die 4 Stengel jeweils aus den braunen Streifen eine Rolle machen. Mit kleinen schwarzen Gegenstichen zunähen. An die Spitze von je 2 Stengeln nähen Sie je 3 Blätter.*

5 *Nun alle Teile zu einem Strauß binden. Die Blüten hinten zusammenstecken und umdrehen. Einen Stengel mit Blättern zwischen die Blütenblätter der linken Blume stecken. Nochmals umdrehen und zwei Stengel in der Mitte der Blumen annähen. Aufpassen, daß die Enden der 3 Stengel in einer Linie liegen. Den 4. Stengel (mit Blättern) nach links biegen und annähen.*

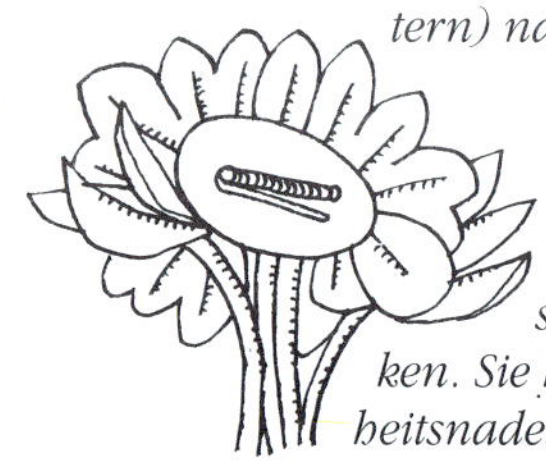

6 *Schneiden Sie ein Oval aus fleischfarbenem Filz aus, das groß genug ist, um die Blumenrückseiten (ohne Blütenblätter) zu bedekken. Sie kleben es auf und nähen eine Sicherheitsnadel an, sobald der Kleber trocken ist.*

# Schwalben-Haarreif

**EINKAUFSLISTE**

Filz:
1 x 20 cm Quadrat - dunkelgrün
1 x 20 cm Quadrat - türkis
1 x 20 cm Quadrat - gelb
1 x 20 cm Quadrat - weiß
Reststück - gelb
2 kleine Perlen - schwarz
Haarreif - ca. 2,5 cm breit, aus Kunststoff
Spielzeugwattierung
Textilkleber
Garn in passenden Farben

## ZUM AUSSCHNEIDEN

Siehe Schablonen 49-53 auf Seite 83. Blumen, Blätter und Schwalbenteile ausschneiden.

## WAS ZU TUN IST

1 *Beziehen Sie zunächst den Haarreif (in 2 Hälften) mit dunkelgrünem Filz (Verbindungsstelle bleibt unsichtbar). Den Filz auf beiden Seiten 5mm breiter als den Reif ausschneiden. Von oben auf den Reif aufkleben, Ränder nach innen falzen und festkleben. Dunkelgrünen Filz (2 Stücke) etwas kleiner als den Haarreif ausschneiden und auf die Innenseite aufkleben, um die Klebenaht zu verdecken.*

2 *Stecken und nähen Sie 2 Schwalbenteile mit kleinen Gegenstichen in passendem Garn zusammen. Kopf bleibt offen. Stopfen Sie die Wattierung durch die Öffnung bis in die Spitzen. Dann Öffnung vernähen.*

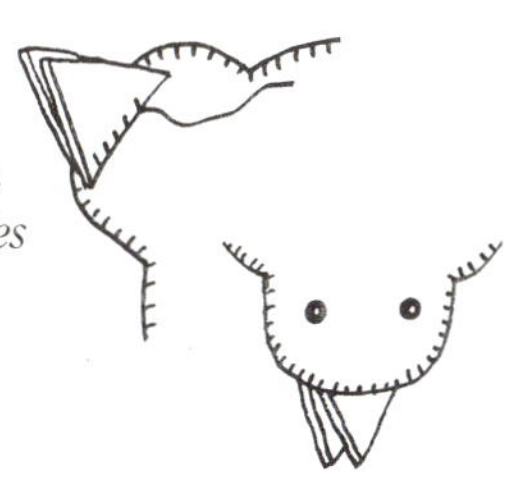

3 *Klappen Sie den Schnabel doppelt und nähen ihn in gelbem Garn an der Falte unterhalb des Schwalbenkopfes an. Perlen als Augen annähen.*

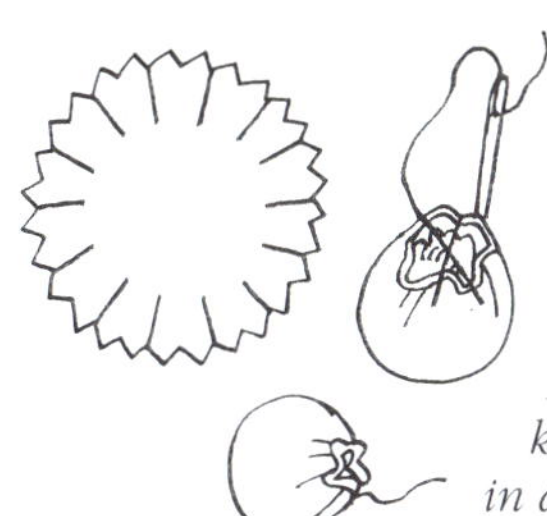

4 *Schneiden Sie die gezackten Kreise an jedem zweiten Zacken 5 mm ein. Jeweils eine kleine Menge Wattierung in die Mitte der gelben Kreise geben, gelben Faden durchziehen und zu Bällchen zusammenschnüren.*

5 *Bällchen auf weiße Blütenblätter legen. Umdrehen und mit weißem Faden festnähen.*

6 *Schwalbe mit grünem Garn links von der Mitte auf dem Haarreif befestigen. Blumen und Blätter in gleicher Weise hinzufügen (siehe große Abb.).*

# FRÜCHTE-HALSKETTE

**EINKAUFSLISTE**
Filz:
1 x 60 cm x 3,5 cm Streifen - schwarz
Reststücke - rot, rosa, senffarben, grün, gelb, zitronengelb, schwarz, limonengrün, orange
Spielzeugwattierung
Garn in passenden Farben

**ZUM AUSSCHNEIDEN**
Siehe Schablonen 54-65 auf Seite 83. Schwarzen Streifen, Früchte und Knopf ausschneiden.

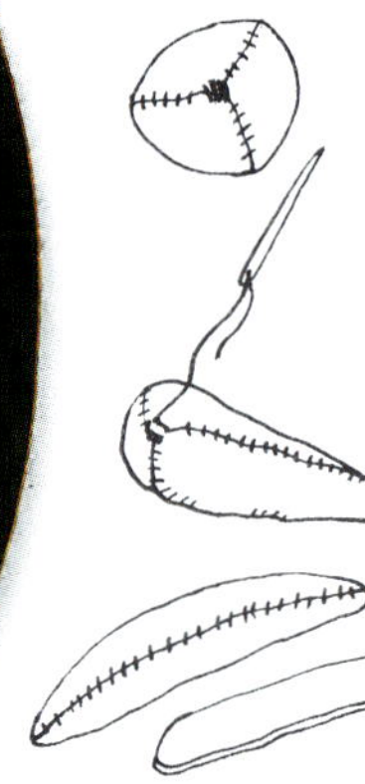

## WAS ZU TUN IST

1 *Schwarzen Streifen längs zusammenrollen und feststecken. Mit kleinen schwarzen Gegenstichen am Rand vernähen. An einem Ende 4,5 cm umschlagen, Schlaufe machen und festnähen. Eine kleine Menge Wattierung in die Mitte des roten Kreises geben, Filzrand mit rotem Faden zu einem kleinen Ball zusammenschnüren. Am anderen Ende des Streifens festnähen.*

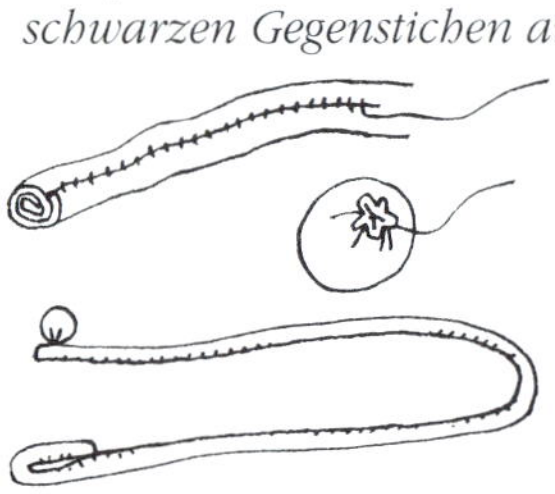

2 *Apfelsinen-, Apfel- und Pfirsichteile mit kleinen Stichen in passendem Garn umnähen. Jeweils eine Seite offenlassen. Mit Wattierung füllen und Naht schließen. Schwarzen Stern an Unterseite der Apfelsine, Blatt und schwarzen Stengel (gerollt und umsteckt) an Oberseite des Apfels nähen. Einige schwarze Stiche an der Unterseite des Apfels hinzufügen.*

3 *Zitrone und Banane in gleicher Weise umnähen und füllen, jeweils einige schwarze Stiche an der Unterkante hinzufügen.*

4 *Senffarbene Birnenteile vernähen und füllen. Blatt und schwarzen Stengel aufnähen und einige schwarze Stiche an der Unterseite hinzufügen.*

5 *Erdbeere in gleicher Weise mit rotem Garn umnähen. Grünen Stern an der Oberkante annähen und mit doppeltem gelben Garn Punkte auf die Erdbeere sticken.*

6 *Früchte auf der Kette befestigen. Zuerst die Banane mit einigen schwarzen Stichen in die Mitte setzen, dann die anderen Früchte in Abständen von ca. 2 cm.*

# TIERBROSCHEN

EINKAUFSLISTE
*Leopard*
Filz:
1 x 20 cm Quadrat - gelb
Reststück - grün
kleine Perlen - schwarz
Spielzeugwattierung
Garn - grün, schwarz
Sicherheitsnadel

EINKAUFSLISTE
*Zebra*
Filz:
1 x 20 cm Quadrat - weiß
Reststücke - schwarz, orange
kleine Perlen - blau
Spielzeugwattierung
Textilkleber
Garn - weiß, orange, blau
Sicherheitsnadel

## ZUM AUSSCHNEIDEN

Siehe Schablonen 66-68 auf Seite 84. Alle Teile ausschneiden.

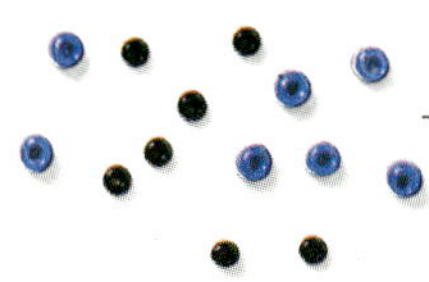

## WAS ZU TUN IST

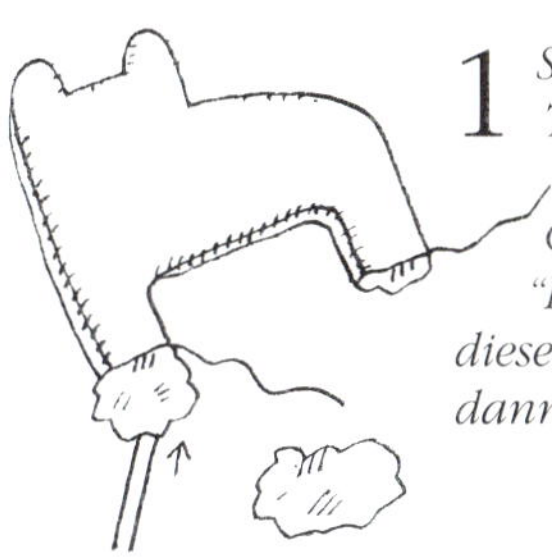

1 *Sie stecken die beiden gelben Teile aneinander, vernähen diese am Rand mit kleinen gelben Gegenstichen und lassen die "Füße" offen. Wattierung durch diese Öffnungen stopfen, bis Form fest, dann vernähen.*

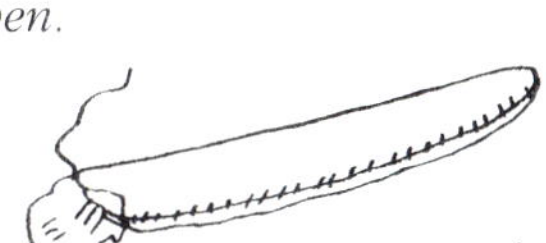

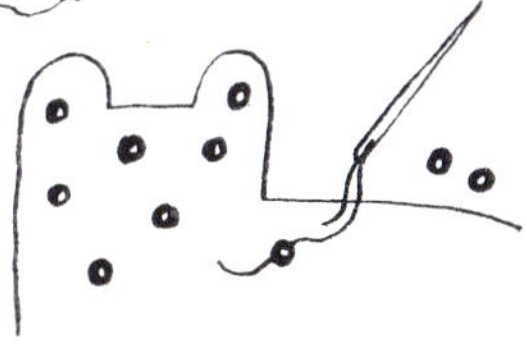

2 *Sie stecken die beiden grünen Teile aneinander, umnähen diese am Rand mit engen Gegenstichen in grün und lassen ein Ende offen, durch das die Wattierung gesteckt wird. Danach zunähen. Mit schwarzem Garn schwarze Perlen verteilt über die eine Seite des Leoparden aufnähen.*

3 *Die "Füße" oben auf das grüne Teil nähen und Sicherheitsnadel auf der Rückseite annähen.*

## ZUM AUSSCHNEIDEN

Siehe Schablonen 66-68 auf Seite 84. Die Teile sowie 6 schwarze Streifen (5mm breit) ausschneiden.

## WAS ZU TUN IST

1 *Sie stecken die beiden weißen Zebrahälften aneinander, vernähen diese am Rand mit kleinen weißen Gegenstichen und lassen die "Füße" offen. Wattierung durch diese Öffnungen stopfen, bis Form fest, dann vernähen.*

2 *Sie stecken die beiden orangen Teile aneinander, umnähen diese am Rand mit engen Gegenstichen in orange und lassen ein Ende offen, durch das die Wattierung gesteckt wird. Danach zunähen und mit blauem Garn blaue Perlen auf einer Seite verteilt aufnähen.*

3 *Die Füße des Zebras oben auf die perlenbesetzte Seite des orangen Teils nähen. Schwarzen Filzstreifen an das Hinterbein des Zebras halten, zurechtschneiden und festkleben. Mit fünf weiteren Streifen wiederholen. Sicherheitsnadel auf Rückseite annähen, sobald der Kleber getrocknet ist.*

# TRAUTES HEIM

Filzcollagen waren einer der beliebtesten Handarbeitszweige der Regency-Zeit. Filzstücke wurden auf einen Hintergrund genäht und wattiert, um ein dreidimensionales Bild zu erzeugen. Durch eine Vielzahl von Formen, wattiert und unwattiert, wirkten die Bilder fast schon natürlich. Die Kissenbezüge auf den Seiten 30-31 hingegen wurden von den Papier-Collagen von Henri Matisse inspiriert. Wie Papier, kann auch Filz geklebt werden. Aus diesem Grund kann man die nachfolgenden Objekte nach Wunsch kleben, statt sie zu nähen.

# MATISSE-COLLAGEN-KISSEN

*In den letzten 20 Jahren seines Lebens hörte Henri Matisse auf zu malen und widmete sich der Kunst der Papier-Collagen. Er benutzte eine Schere, um das schwere, mit Gouache bemalte Papier zurechtzuschneiden, und entdeckte eine Spontaneität, die jener des Zeichnens oder der Malerei gleichkam. Durch ein Variieren oder Wenden der Schablonen können Sie eigene Muster entwerfen. Sie können ebenfalls eigene Muster erfinden und diese frei Hand aus dem Filz ausschneiden.*

## EINKAUFSLISTE

Blumenkissen
Filz:
0,5 m - blau
0,5 m - schwarz
1 x 20 cm Quadrat - weinrot
1 x 20 cm Quadrat - grau
1 x 20 cm Quadrat - weiß

## ZUM AUSSCHNEIDEN

Siehe Schablonen 79-84 auf den Seiten 86-87. Alle Teile, inkl. des 30,5 cm-Quadrats in blau und des 122 cm x 2,5 cm-Streifens in schwarz, ausschneiden.

## WAS ZU TUN IST

1 *Teile, inkl. Streifen, im gewünschten Arrangement auf den blauen Hintergrund legen.*

2 *Mit den Streifen beginnend, Filzstücke mit Textilkleber festkleben. Kleber jeweils einseitig auftragen und Teile fest andrücken. Wenn gewünscht, können die Filzteile angenäht anstatt angeklebt werden.*

*Die Zeichnungen zeigen einige attraktive und vielfältige Entwürfe, die mit diesen Grundmustern zusammengestellt werden können.*

**EINKAUFSLISTE**
Blätterkissen
Filz:
0,5 m - schwarz
0,25 m - weiß
0,25 m - grau
1 x 20 cm Quadrat - weinrot
Textilkleber

**ZUM AUSSCHNEIDEN**
Siehe Schablonen 79-84 auf den Seiten 86-87. Alle Teile, inkl. je eines 30,5 cm x 6,5 cm-Streifens in weiß und grau sowie des 30,5 cm-Quadrats in schwarz, ausschneiden.

**WAS ZU TUN IST**

1 *Formen auf graues Quadrat heften und mit engen Reihstichen in Kontrastfarben annähen.*

**EINKAUFSLISTE**
Kissen mit weißem Vogel
Filz:
0,5 m - grau
0,5 m - schwarz
1 x 20 cm Quadrat - rosa
1 x 20 cm Quadrat - weinrot
1 x 20 cm Quadrat - braun
1 x 20 cm Quadrat - weiß
Garn in Kontrastfarben

**ZUM AUSSCHNEIDEN**
Siehe Schablonen 79-84 auf den Seiten 86-87. Alle Teile, inkl. des grauen 30,5 cm-Quadrats, ausschneiden.

**WAS ZU TUN IST**

1 *Teile, inkl. Streifen, im gewünschten Arrangement auf den schwarzen Hintergrund legen. Mit Textilkleber ankleben.*

*Zur Fertigstellung benötigen Sie ein 50 cm-Quadrat schwarzen Filzes, schwarzes Garn und ein 30 cm-Inlett. Filz anbügeln und zu einem 30,5 cm-Quadrat für die Kissen-Rückseite mit der Maschine vernähen. Vorder- und Rückseite, die dekorierten Teile aufeinandergelegt, zusammennähen, eine Seite offenlassen. Wenden, Inlett einlegen und Seite vernähen.*

# TEDDYBÄREN-FRIES

**EINKAUFSLISTE**
Filz:
20 cm - wollweiß
1 x 20 cm Quadrat - mittelbraun
1 x 20 cm Quadrat - dunkelbeige
1 x 20 cm Quadrat - kupferrot
1 x 20 cm Quadrat - orange
1 x 20 cm Quadrat - malve
1 x 20 cm Quadrat - gelb
Reststücke - blau, türkis, dunkeltürkis
vierfädige Wolle - rot
dünner Karton
Garn - schwarz, wollweiß und zu Luftballons passend

**ZUM AUSSCHNEIDEN**
Siehe Schablonen 69-72 auf Seite 84. 9 Teddys, 14 Luftballons und Viereck, 94 cm x 30 cm in wollweiß, für Hintergrund sowie Pappschablone ausschneiden.

## WAS ZU TUN IST

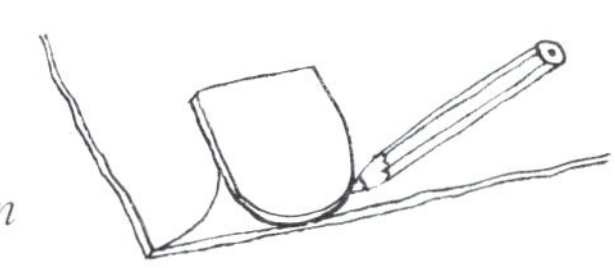

*1 Bogenrand mit Pappschablone vorzeichnen, Bögen auf Längsseite des wollweißen Filzes. Zuerst einen halben Bogen mit weichem Bleistift markieren, dann kompletten Rand bis zum anderen Ende weiterzeichnen und mit einem halben Bogen schließen. Vorsichtig mit der Schere ausschneiden.*

*2 Wollweißen Filz umdrehen und den ersten, mittelbraunen Teddy 5 cm vom linken Rand entfernt und 7,5 cm oberhalb der Kante des ersten kompletten Bogens anheften. Den ganzen Teddy mit winzigen, engen Gegenstichen in wollweiß umnähen.*

*3 Mit den acht weiteren Teddys wiederholen. Diese sollten sich fast an den Händen festhalten, ein oder zwei Teddys sollten sich tatsächlich die Hand geben. Aufpassen, daß zwischen den Teddys links und rechts der Abstand zum Rand gleich ist. Teddys so plazieren, daß sie sich links und rechts zur Seite lehnen, nie gleichfarbige Teddys nebeneinanderlegen.*

Farben der Teddys auf der großen Abbildung - von links nach rechts: *mittelbraun • dunkelbeige • mittelbraun • kupferrot • dunkelbeige • kupferrot • dunkelbraun • dunkelbeige • kupferrot*

Farben der Luftballons - von links nach rechts: *orange • gelb • malve • gelb (lang) • blau • türkis • dunkeltürkis • gelb (lang) • orange • malve • blau (lang) • orange • türkis • malve*

*4 Gesichtszüge mit schwarzem, doppeltem Garn annähen; mehrere Stiche für Augen und Nase, einzelne Stiche für den Mund.*

*5 Luftballons mit Gegenstichen in passendem Garn annähen. Einzeln oder in Zweiergruppen feststecken. Bei Überlappungen ist es nicht notwendig, die verdeckte Kante mitzunähen.*

*6 Luftballonschnüre mit doppeltem schwarzen Garn in kleinem, fortlaufendem Reihstich aufnähen. An den Teddypfoten beginnen und mit einem oder zwei Stichen an den Ballonhälsen schließen. Schnüre sicherheitshalber mit weichem Bleistift vorzeichnen.*

*7 Zum Schluß den Fries mit Schlingstichen in roter Wolle um gesamten Außenrand umstecken.*

*8 Sie können den Fries an Fenstersims oder -rahmen heften oder ihn mit roten Bändern an einem Kinderbett befestigen. Nach Wunsch können Frieslänge und Anzahl der Teddys verändert werden.*

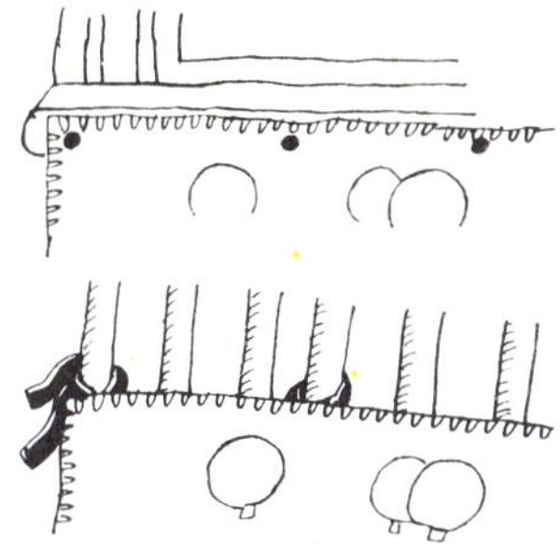

# TULPENKORB-COLLAGE

**ZUM AUSSCHNEIDEN**
Siehe Schablonen 73-78 auf Seite 85.
Alle Teile für Korb, Tulpen,
Blätter und Stengel sowie
1 schwarzes 30,5 cm-Quadrat
ausschneiden.

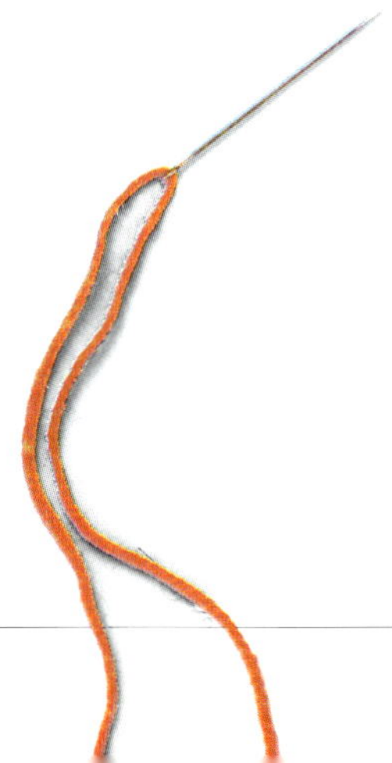

## WAS ZU TUN IST

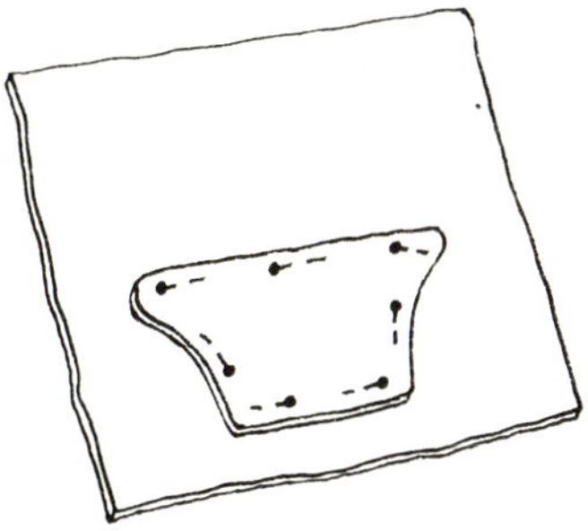

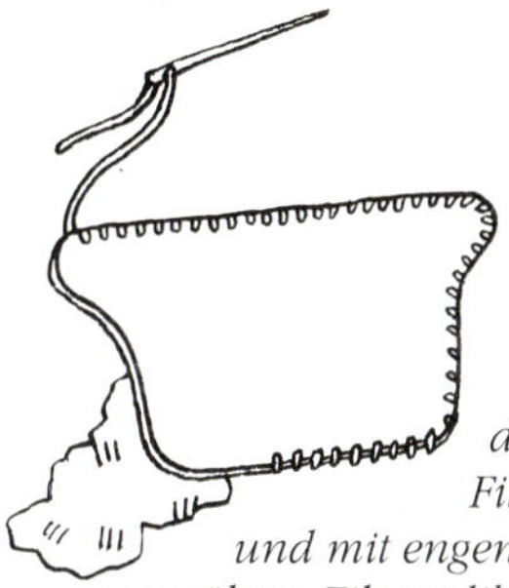

### EINKAUFSLISTE

Filz:
0,5 m - schwarz
1 x 20 cm Quadrat - braun
1 x 20 cm Quadrat - grün
Reststücke: rot, rosa, orange, gelb, wollweiß
vierfädige Wolle - rot
vierfädige Wolle - rosa
vierfädige Wolle - orange
vierfädige Wolle - gelb
Spielzeugwattierung
Garn - grün

*1 Mit dem Korb beginnen. Unterteil 6 cm oberhalb der Unterkante des schwarzen Filzquadrats mittig anheften und mit engen Gegenstichen in rosa Wolle umnähen. Filzapplikation locker aufnähen, damit die Wattierung Platz hat. Kleine Öffnung freilassen, Wattierung einlegen und zu einer sanften Form gleichmäßig verteilen. Öffnung zunähen. Korb mit reihenweise aufgestickten Kreuzstichen verzieren. Stiche und Knoten dürfen auf der Rückseite sichtbar sein, diese bleibt verdeckt.*

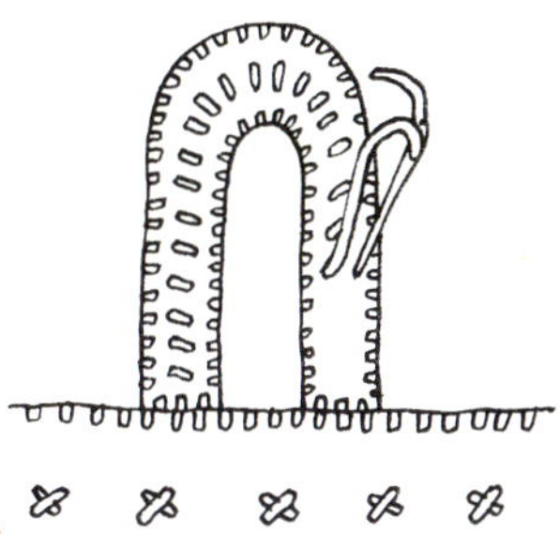

*2 Braunen Henkel mittig auf Oberkante des Korbs setzen; nicht wattieren. Wie beim Korb, ganz umstecken und rosa Zierstiche hinzufügen.*

*3 Tulpen in zwei "Gruppen", wie vorgegeben, in passendem Garn und kleinem Gegenstich aufnähen. Tulpen werden sanft mit Wattierung gefüllt, bevor sie vollständig angenäht werden. Unter die orange Tulpe der linken Gruppe gehört ein Blatt, deshalb die rechte Seite dieser Tulpe vorläufig offenlassen.*

*4 Als nächstes kommen die Blätter. Diese werden teils gefaltet und nicht vollständig angenäht, um einen Reliefeffekt zu erzeugen. Links drei Blätter mit grünem Garn annähen, das mittlere davon z.T. unter die orange Tulpe, die erst nach Befestigung des Blattes festgenäht wird. Mittleres Blatt auf 2,5 cm Länge beschneiden und oben auf den Korb nähen. Die letzten drei Blätter, wie abgebildet, rechts hinzufügen.*

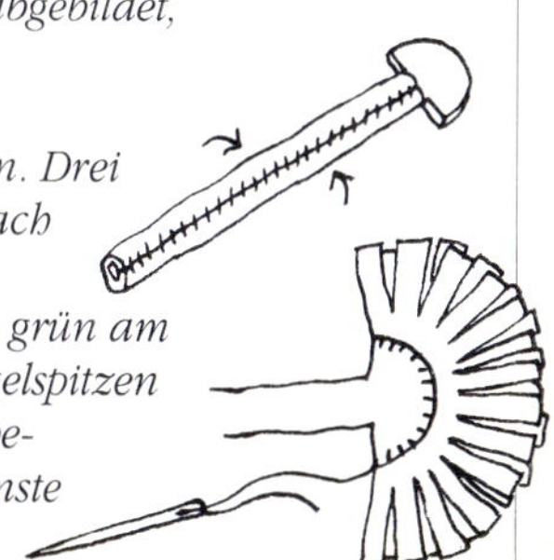

*5 Nun die wollweißen Blumen. Drei grüne Stengel jeweils dreifach falzen und mit kleinen engen Gegenstichen in grün am Falz vernähen. Stengelspitzen auf 2,5 cm Länge beschneiden. Gefranste Kreise doppeltschlagen und unter die Halbmondspitzen der Stengel nähen.*

*6 Blumen, wie in der großen Abbildung, entlang der Stengel an Collage nähen.*

# Blühender Busch

**EINKAUFSLISTE**

Filz:
50 cm - grün
1 x 20 cm Quadrat - gelb
Reststücke - schwarz, rot, braun, malve, türkis, rosa, weiß, grau
7 Klettpunkte - weiß
2 kleine Perlen - rot
dünner Karton
Textilkleber
Garn in Kontrastfarben

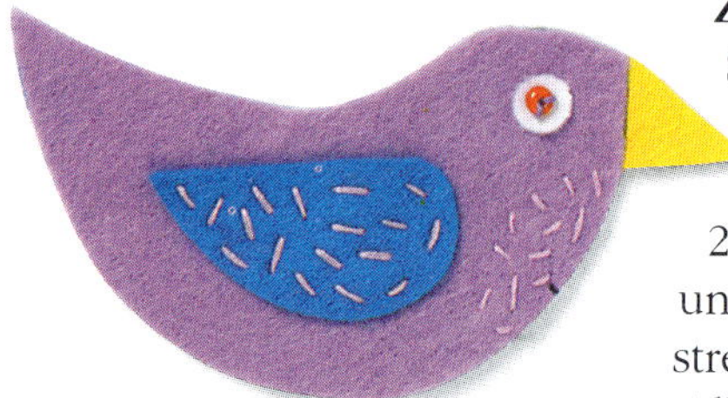

**ZUM AUSSCHNEIDEN**

Siehe Schablonen 88-114 auf den Seiten 88-89.
2 grüne Buschteile, Karton und einen 15 cm x 1 cm-Filzstreifen in grün ausschneiden. Alle Teile für Figuren separat ausschneiden - diese werden laut Angaben auf den Schablonen auf dem grünen Hintergrund befestigt. Klettpunkte ggf. zurechtschneiden.

## WAS ZU TUN IST

1 *Die 7 gelben Blumen gleichmäßig verteilt auf ein grünes Filzstück kleben. Jeweils eine Seite der Klettpunkte auf die Blumenmitte kleben. Grünen Hintergrund mit doppeltem hellgrünen Garn in großen Stichen verzieren.*

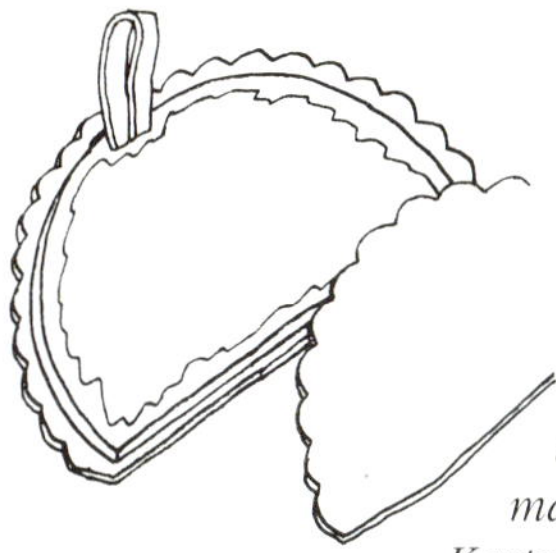

2 *Karton einseitig bekleben und Rückseite des grünen Hintergrundes fest andrücken. Schlaufe aus grünem Filzstreifen machen und diese oben auf Karton ankleben. Zweites Hintergrundstück aus grünem Filz als Rückseite aufkleben. Bogenränder zusammenkleben und fest andrücken.*

3 *Nun zu den Figuren. Stets mit doppeltgelegtem Garn vernähen. Teile jeweils zurechtschneiden und vernähen, danach auf grüne Filzstücke kleben und trocknen lassen. Grüne Filzränder auf die Größe der Figuren beschneiden. Zweite Hälften der Klettpunkte an der Rückseite der Figuren kleben. Vgl. Abb. a - e (siehe unten).*

**a**

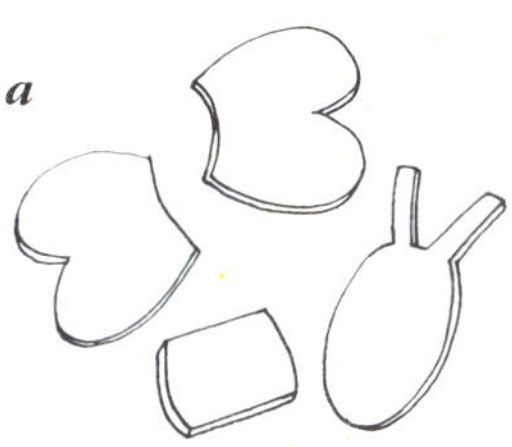

**b**

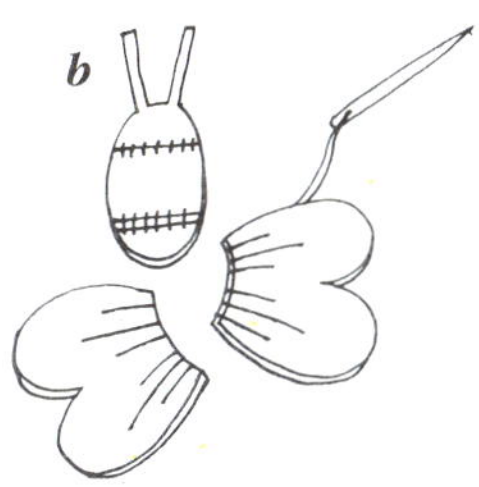

**c**

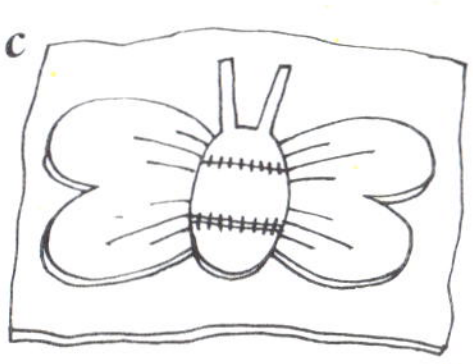

**d**

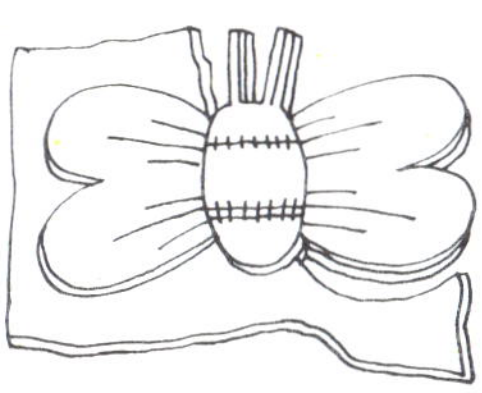

**e**

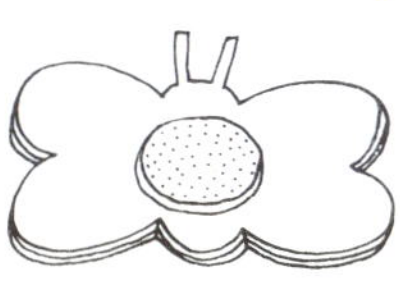

4 *Schließlich Figuren auf den Blumen mit Hilfe der Klettpunkte befestigen.*

***Biene***
*Gelbes Stück mit kleinen schwarzen Gegenstichen an geraden Seiten auf dem schwarzen Körper annähen. 6 lila Stiche auf Innenseiten der Flügel sticken und Biene auf grünen Filz kleben.*

***Schnecke***
*Weiße Spirale auf das graue Stück sticken. An schwarzen Körper nähen und Schnecke auf grünen Filz kleben.*

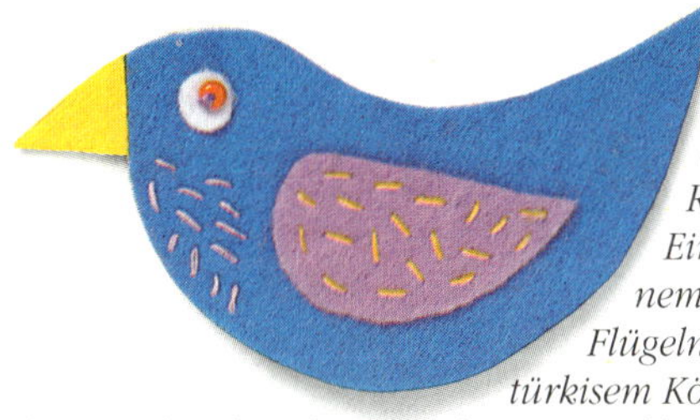

***Vogel***
*Zwei Vögel machen, die in verschiedene Richtungen schauen. Einen mit malvenfarbenem Körper und türkisen Flügeln, den anderen mit türkisem Körper und malvenfarbenen Flügeln. Flügel und Brust mit blaßrosa Stichen dekorieren. Perle in der Mitte der weißen Augen annähen und Augen auf den Vögeln anbringen. Vögel (inkl. Schnäbel) zusammensetzen und auf grünen Filz kleben.*

***Schmetterling***
*Gelbe Punkte mit malvenfarbenem Garn auf Flügel nähen, Sterne und malvenfarbene Punkte (mit weißen Stichen) sowie 7 Stiche in malve auf Innenseite der Flügel nähen. Zusammen mit braunem Körper auf Hintergrund kleben.*

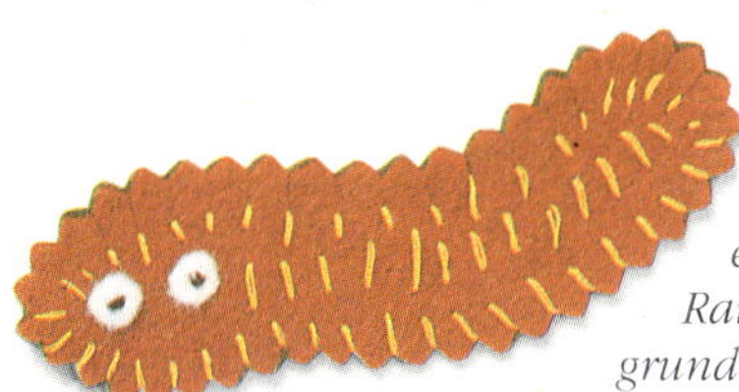

***Raupe***
*Rand und Körpermitte mit gelben Stichen dekorieren. Weiße Augen mit einem schwarzen Stich annähen und Raupe auf grünen Filz kleben. Hintergrund mit der Zickzackschere passend zurechtschneiden.*

***Marienkäfer***
*Schwarze Punkte auf roten Körper kleben. Weiße Augen mit kleinem schwarzen Stich auf dem Kopf annähen. Samt der Beine auf grünen Filz kleben.*

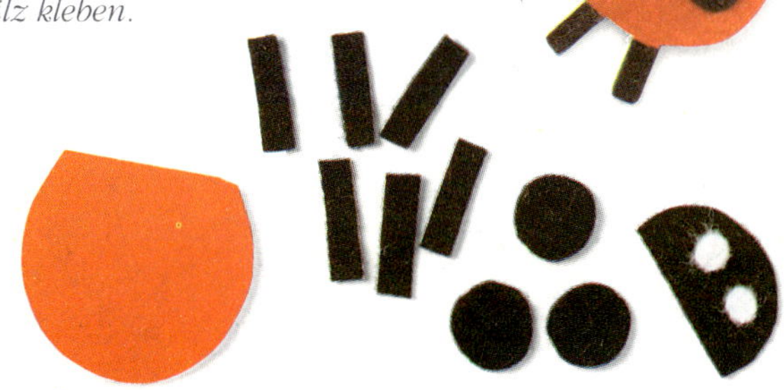

# SPIELZEUG

Die frischen Farben und seine weiche Oberfläche machen Filz zu einem idealen Material für das Herstellen von Spielzeug und die Dekoration des Kinderzimmers. Die Mobiles sind ein fröhlicher Farbtupfer im Säuglingszimmer, während es älteren Kindern Spaß machen wird, die Fingerpuppen (Seite 42-43) zu basteln. Aus diesen kann man mit kleinen Veränderungen die Lieblingstiere machen.

# Vogel Mobile

**ZUM AUSSCHNEIDEN**
Siehe Schablonen 97-98, 102, 104 auf Seite 88.
Alle Teile ausschneiden.

## WAS ZU TUN IST

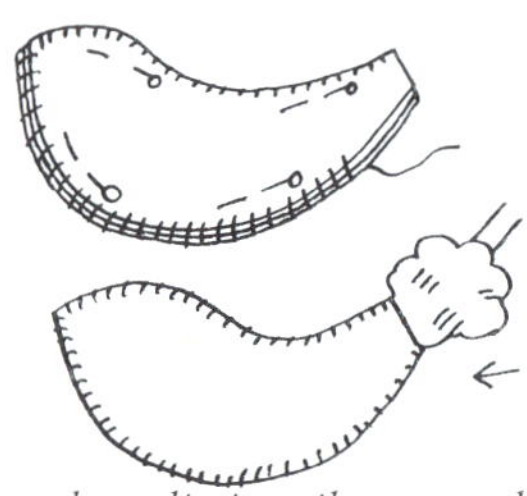

1 *Sie stecken die jeweils passenden Filzhälften aneinander und vernähen diese am Rand mit kleinen, farblich passenden Gegenstichen. Sie lassen den Schwanz offen und füllen von dort mit Wattierung auf.*

2 *Flügel, nach oben gerichtet, auf beiden Seiten des Vogelkörpers anstecken und mit kleinen Stichen in passender Farbe entlang der Unterkante festnähen.*

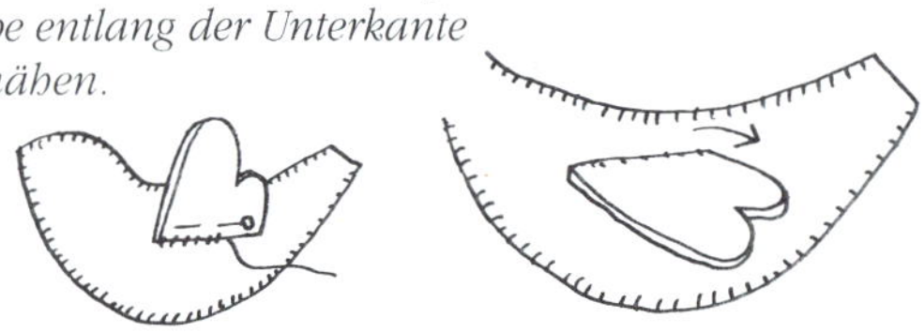

**EINKAUFSLISTE**
Filz:
1 x 20 cm Quadrat - rot
1 x 20 cm Quadrat - türkis
1 x 20 cm Quadrat - malve
1 x 20 cm Quadrat - orange
1 x 20 cm Quadrat - grün
Reststück - gelb
10 kleine bunte Perlen
zu jeder Farbe je
1 buschige Feder
Spielzeugwattierung
Garn in passenden Farben

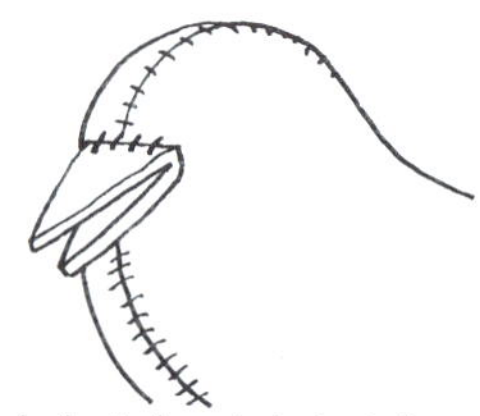

3 *Schnabelstück mittig knicken und mit gelbem Garn am Falz an den Vogelkopf (vgl. Abb.) annähen.*

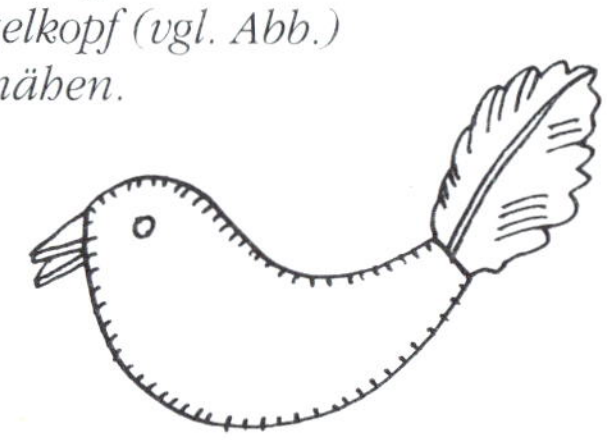

4 *Perlen als Augen aufnähen und Federkiel fest in Schwanzöffnung stecken.*

# SCHMETTERLINGSMOBILE

**EINKAUFSLISTE**

Filz:
1 x 20 cm Quadrat - dunkelbraun
1 x 20 cm Quadrat - wollweiß
1 x 20 cm Quadrat - fleischfarben
1 x 20 cm Quadrat - blaßgrün
1 x 20 cm Quadrat - blaßrosa
1 x 20 cm Quadrat - blaßblau
Reststücke - senffarben, grau, malve, orange, rosa
Textilkleber
Garn in passenden sowie in Kontrastfarben

**ZUM AUSSCHNEIDEN**

Siehe Schablonen 85-87 auf Seite 88.
Teile ausschneiden.

## WAS ZU TUN IST

1 *Kleben Sie zwei Paar passend farbiger Tupfen, frei kombiniert, auf die Außenseiten jedes Flügelpaares - malve und senffarben auf blaßgrün, malve und grau auf wollweiß, orange und grau auf blaßrosa, rosa und orange auf blaßblau und schließlich senffarben und rosa auf fleischfarben.*

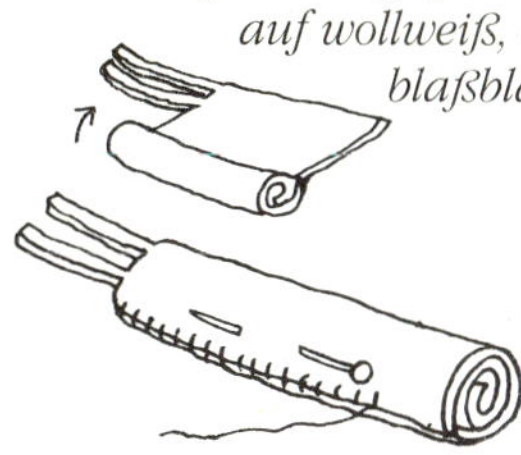

2 *Rollen Sie das dunkelbraune Stück für den Körper, beginnend auf der den Fühlern fernen Seite, zusammen, stecken es fest und schließen die Naht mit passendem Garn.*

3 *Die Farbtupfer mit doppeltgelegtem Garn in Kontrastfarbe umstecken und auf der gleichen Seite sechs Sterne in Kontrastfarbe aufsticken (vgl. Abb.).*

4 *Zwei Paar farbiger Tupfen auf die Innenseite kleben, um die Gegenstiche zu überdecken.*

5 *Die Flügel, mit den aufgeklebten Tupfen nach innen, doppeltklappen und die Außenkante der Flügel mit Schlingstichen in Kontrastfarben umstecken. Ab dem Falz beidseitig 2 cm nach oben zusammennähen.*

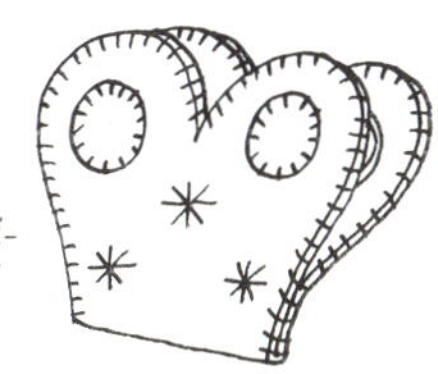

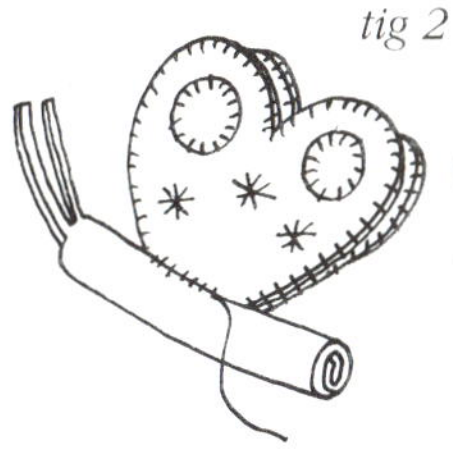

6 *Flügel 1 cm von den Fühlern entfernt auf den Körper stecken und am Falz entlang in engen braunen Gegenstichen festnähen.*

**EINKAUFSLISTE**
*für die Mobiles*

1 x 122 cm dünner Rundholzstab
rote oder senffarbene Holzfarbe
doppelseitiges Klebeband
Nylonschnur

## WAS ZU TUN IST

1 *Holzstäbe in vier gleichlange Stücke von je 30,5 cm schneiden. Zwei rot (für die Vögel) und zwei senffarben (für die Schmetterlinge) streichen. Trocknen lassen.*

2 *Nylonfaden auf fünf verschiedene Längen, von 38 - 48 cm, schneiden. Mit Hilfe einer Nadel je einen Faden in der Rückenmitte je eines Vogels befestigen, beim Schmetterlingsmobile 1 cm tief zwischen den Flügeln locker anknoten (Abb.* ***a****).*

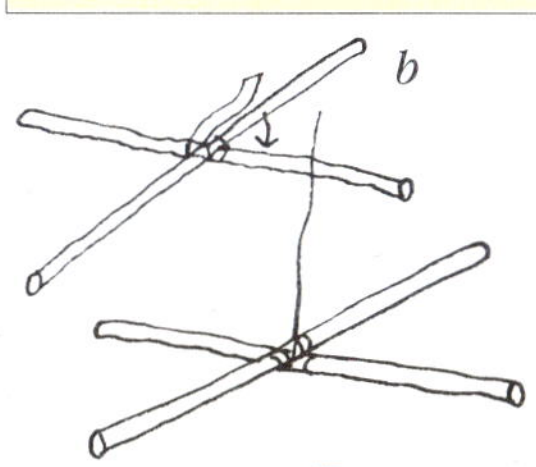


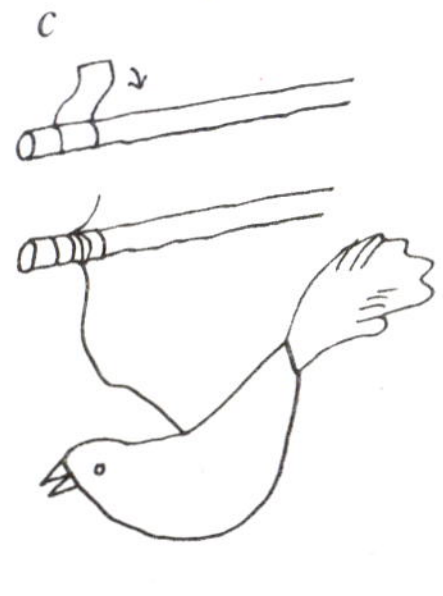


3 *Überkreuzen Sie zwei gleichfarbige Stäbe und verbinden Sie diese in der Mitte (hier braucht man ein weiteres Paar Hände!) mit doppelseitigem Klebeband. Eine lange Schnur (je nach gewünschtem Abstand von der Decke) in der Mitte festbinden. Die Hölzer sollten ein Kreuz bilden (Abb.* ***b****).*

4 *Alle Enden der Holzstäbe dünn mit doppelseitigem Klebeband umwickeln und die Schnüre mit Vögeln oder Schmetterlingen fest anbinden, die Figur mit der längsten Schnur kommt in die Mitte des Kreuzes (Abb.* ***c****).*

# FINGERPUPPEN-BAUERNHOF

## EINKAUFSLISTE

Filz:
1 x 20 cm Quadrat - rosa
1 x 20 cm Quadrat - schwarz
1 x 20 cm Quadrat - braun
1 x 20 cm Quadrat - weiß
1 x 20 cm Quadrat - orange
vierfädige Wolle - schwarz
Reststücke - grau, gelb, rot
2 Glasperlen - türkis
4 Glasperlen - blau
2 Glasperlen - gelb
2 Glasperlen - rot
Garn in passenden Farben

## WAS ZU TUN IST

***Kuh***

1 *Schwarze Körperhälften zusammenstecken und am Rand mit engen schwarzen Gegenstichen vernähen. Die Unterkante bleibt offen. Nun die beiden weißen Flecken aufstecken und in weiß annähen.*

2 *Falten Sie die Ohren am stumpfen Ende, und nähen Sie diese links und rechts hinten am Kopf an, die Hörner vorne.*

3 *Rosa Nase mit rosa Garn aufnähen. Die Nasenlöcher in schwarz aufsticken. Gelbe Perlen mit gelbem Faden als Augen aufnähen.*

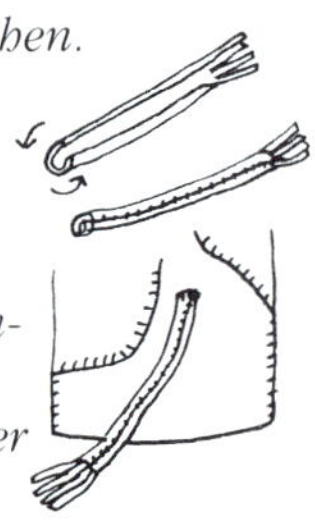

4 *Das Schwanzstück längs rollen und mit schwarzen Gegenstichen vernähen, wobei das gefranste Ende offenbleibt. Das andere Ende in der Mitte der Körperrückseite annähen.*

## ZUM AUSSCHNEIDEN

Siehe Schablonen 119-137 auf Seite 91.
Alle Teile ausschneiden. Die Körperform ist für alle Tiere gleich.

***Schwein***

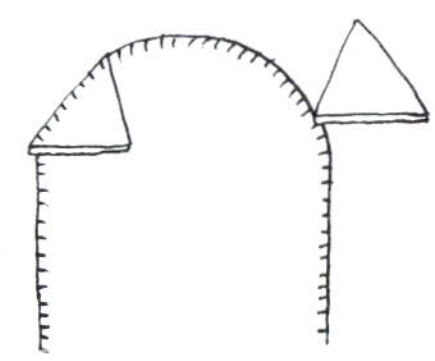

1 *Rosa Körperhälften zusammenstecken und am Rand mit engen rosa Gegenstichen vernähen. Unterkante bleibt offen. Nun die beiden rosa Ohren aufstecken, in rosa annähen und entlang der Naht nach vorne falzen.*

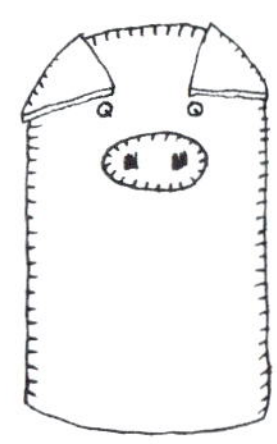

2 *Rote Perlen als Augen knapp unter den Ohrspitzen aufnähen. Graue Nase aufnähen und Nasenlöcher in schwarz aufsticken.*

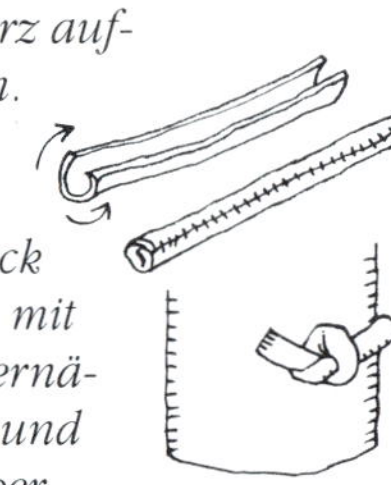

3 *Das Schwanzstück längs rollen und mit rosa Gegenstichen vernähen. Einmal knoten und in der Mitte der Körperrückseite, 2 cm von unten, aufnähen.*

***Schaf***

1 *Weiße Körperhälften zusammenstecken und am Rand mit weißen Gegenstichen jeweils in den "V-Einschnitten" vernähen. Unterkante bleibt offen.*

2 *Stecken Sie die Ohren am stumpfen Ende zusammen, und nähen Sie diese links und rechts vorne am Kopf in weiß an. Türkise Perlen als Augen aufnähen. Nase und Mund mit doppeltgelegtem schwarzem Garn aufnähen.*

3 *Das Schwanzstück mit seinem geraden Ende in der Mitte der Körperrückseite annähen.*

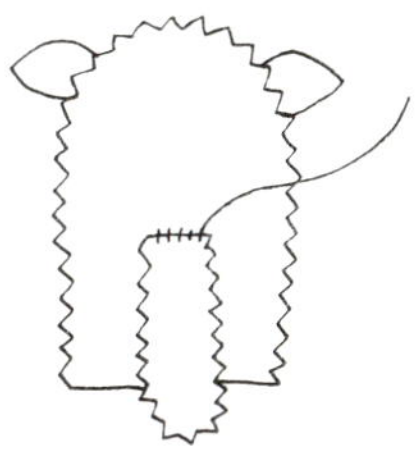

***Pferd***

1 *Braune Körperhälften zusammenstecken und am Rand mit braunen Gegenstichen vernähen. Unterkante bleibt offen. Falten Sie die Ohren am unteren Ende zusammen, und nähen Sie diese oben am Kopf in braun an. Nase in grau aufnähen und blaue Perlen als Augen oberhalb der Nase aufnähen.*

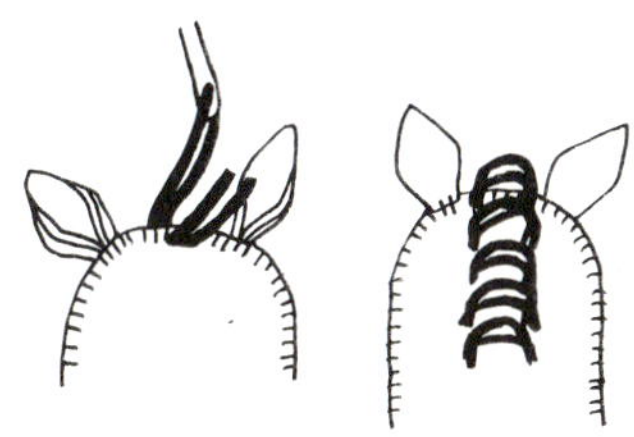

2 *Mit schwarzer doppeltgelegter Wolle, vorne zwischen den Ohren beginnend, durch den Filz stechen (ca. 1,5 cm Überhang lassen). In lockeren Schlaufen auf dem Rücken bis zur Mitte abwärts nähen (vgl. Abb.). Überhang oben in Fransen schneiden, Schlaufen auf Rücken durchtrennen.*

3 *Auf gleiche Weise einen 6 cm langen Schwanz aus einer großen Schlaufe ca. 2 cm von der Unterkante anbringen.*

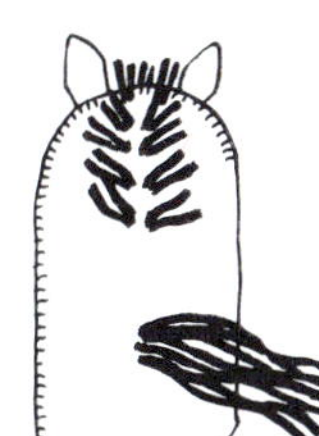

***Huhn***

1 *Orange Körperhälften zusammenstecken und am Rand mit orangen Gegenstichen vernähen. Unterkante bleibt offen. Nun mit rotem Garn den Kamm am Saum auf den Kopf nähen.*

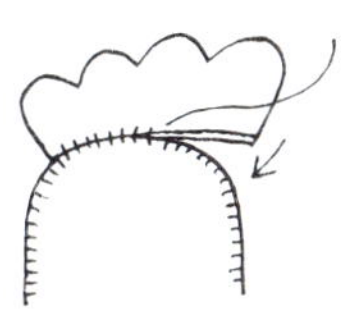

2 *Sie nähen die gelben Schnabelstücke am Rand mit gelbem Garn zusammen und nähen sie senkrecht vorne am Kopf (1 cm von Oberkante) fest. Blaue Perlen als Augen beidseitig des Schnabels aufnähen. Kleinen roten Kamm unter Schnabel befestigen.*

3 *Den Schwanz mit orangem Garn senkrecht in der Mitte der Körperrückseite aufnähen (unten beginnen).*

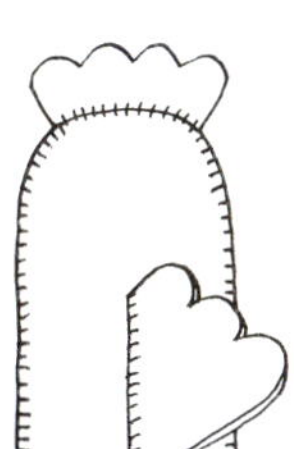

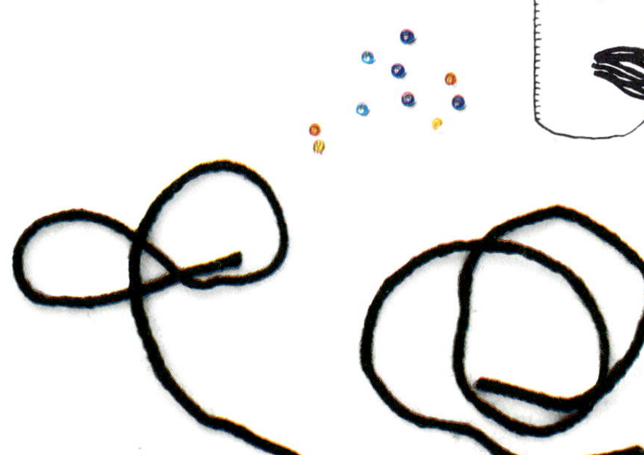

# MONSTER-HANDPUPPE

**EINKAUFSLISTE**
Filz:
0,25 m - rot
1 x 20 cm Quadrat - gelb
Reststücke oder Quadrate in möglichst vielen Farben, auch schwarz
Textilkleber
Spielzeugwattierung
Garn - gelb, rot

**ZUM AUSSCHNEIDEN**
Siehe Schablonen 115-118 auf Seite 90. Teile, inkl. etwa 100 bunter, ca. 1,5 cm x 7 cm großer Streifen, ausschneiden.

**WAS ZU TUN IST**

1 *Bei einem der roten Teile unten beginnend, nähen Sie per Hand oder mit der Maschine eine Reihe bunter Streifen, etwa 2,5 cm vom Rand entfernt, mit Reihstich auf. Rest der Fläche (bis zur Handkante und zum Scheitel) mit 5 weiteren Reihen bedecken. Mit dem anderen roten Teil genauso verfahren.*

2 *Zwei Paare von Hornhälften aufeinanderstecken und am Rand mit kleinen gelben Gegenstichen umnähen.*

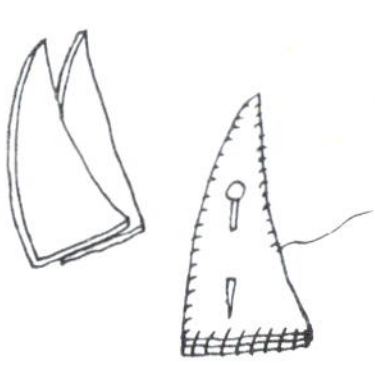

3 *Die roten Stücke aufeinanderlegen und am Rand mit rotem Reihstich vernähen. An jeder Handkante drei Klauen anstecken und einnähen. Die beiden Hörner am Scheitel ebenfalls einnähen.*

4 *Machen Sie die Augen, indem Sie eine kleine Menge Wattierung in die Mitte eines gelben Kreises geben, den Filzrand mit gelbem Faden durchstecken und zu einem kleinen festen Ball zusammenschnüren. Die Augen unterhalb der Hörner annähen.*

5 *Kleben Sie zwei kleine schwarze Tupfen auf die nach innen zeigenden Augenseiten.*

# Puppe und Puppenkleidung

*Es wird Kindern eine Riesenfreude machen, diese Filzpuppe mit Haus- und Ausgehkleidung anzuziehen. Sie ist leicht zu machen und weich genug, um auch für sehr kleine Kinder ein sicheres Spielzeug zu sein. Wenn Sie die Vorschläge der nächsten Seiten umgesetzt haben, können Sie mit anderen Farben und Designs experimentieren, um eine Garderobe "für alle Anlässe" zu erstellen.*

**EINKAUFSLISTE**
*Körper*
Filz:
1 x 30 cm oder 3 x 20 cm
Quadrat(e) - fleischfarben
grobe Strickwolle - aubergine
Spielzeugwattierung
Garn - blau, fleischfarben,
braun, rot

**ZUM AUSSCHNEIDEN**
Siehe Schablonen 138-141
auf Seite 92.
Alle 12 Teile ausschneiden.

*Schlüpfer siehe Seite 46*

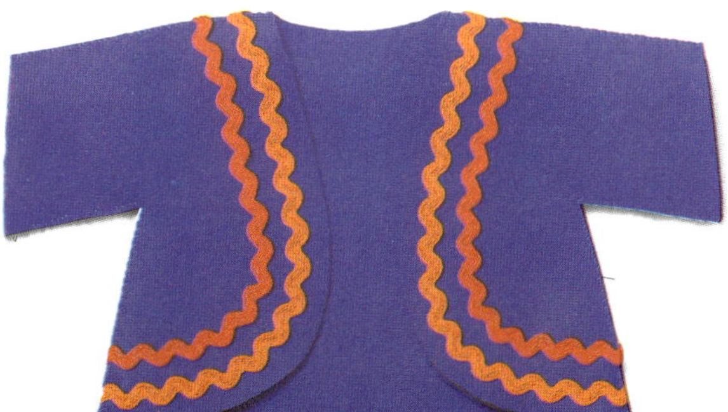

*Jacke siehe Seite 47*

*Kleid siehe Seite 47*

## WAS ZU TUN IST

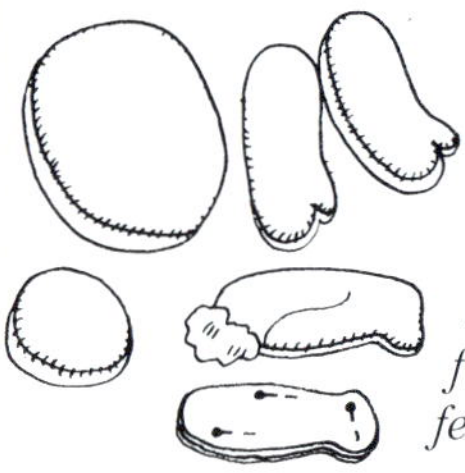

*1 Alle paarweisen Stücke zusammenstecken – Kopf, Körper, zwei Arme und zwei Beine. Sie vernähen diese am Rand mit kleinen fleischfarbenen Gegenstichen, lassen jeweils eine kleine Öffnung, füllen dort die Wattierung ein, bis die Teile fest sind, und vernähen die Öffnungen.*

*2 Kopf, Arme und Beine mit doppeltem fleischfarbenen Garn annähen (dabei Naht auf Naht nähen). Die Arme und Beine sollen fest aber doch beweglich angenäht werden.*

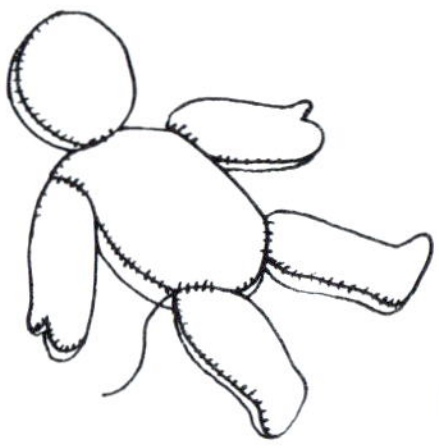

*3 Gesicht aus doppeltem farbigen Garn aufsticken. Zuerst blaue Punkte als Augen, dann vier einzelne Stiche pro Auge als Wimpern. Die Nase aus einem einzelnen, doppeltgenähten Stich in braun, den Mund darunter aus einer Reihe roter Stiche machen.*

*4 Wolle in 25 cm lange Stücke schneiden. Fäden einzeln in große Stopfnadel fädeln und mit dieser, oben an der Naht beginnend, einfach durchstechen. Nadel vom Faden lösen und Länge ausgleichen, dann Wolle knoten.*

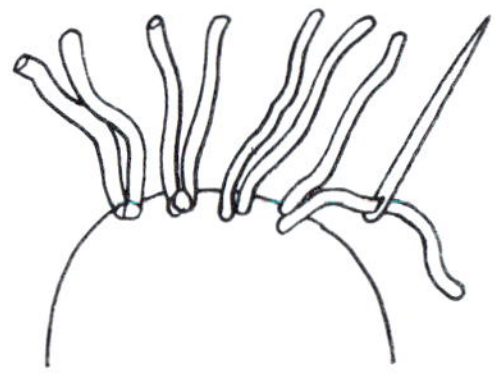

*5 Entlang der Naht, bis leicht unter Augenhöhe, wiederholen, ebenso auf der oberen Hälfte des Hinterkopfes. Etwa in 5 mm-Abständen einstechen.*

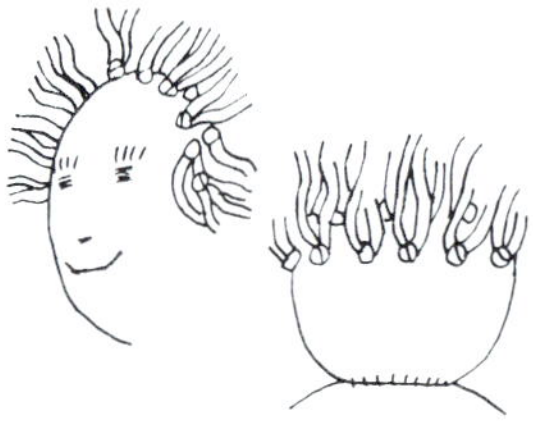

*6 Wenn die Haare fertig sind, mit Hand hinten glattstreichen und mit Schere auf längere Bubikopffrisur beschneiden.*

## WAS ZU TUN IST

*1 Sie stecken die beiden Teile aneinander und vernähen diese mit kleinen weißen Gegenstichen an den Seiten und im Zwickel.*

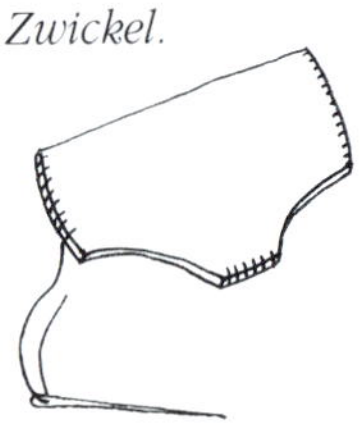

*2 Spitzenborte in zwei gleiche Stücke schneiden. An der glatten Seite der Spitzenborte weißen Faden durchstecken und kräuseln, bis Spitzenborte zu Beinöffnung paßt. Faden verknoten, an Beinöffnung feststecken und oberhalb der Kräuselnaht mit weißem Reihstich festnähen. Auf der anderen Seite wiederholen.*

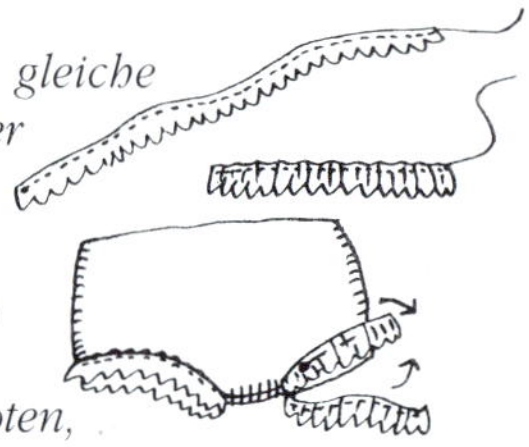

*3 Der Puppe den Schlüpfer anziehen und rings um die Taille mit kleinen weißen Gegenstichen annähen.*

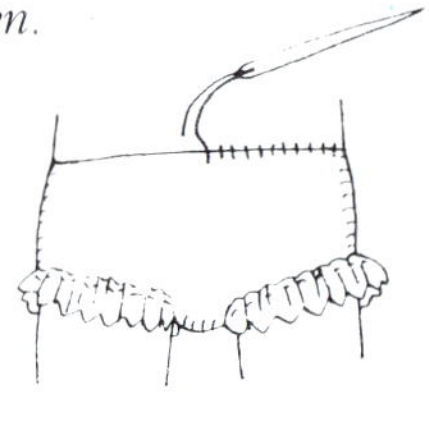

**EINKAUFSLISTE**
*Schlüpfer*
Filz:
1 x 20 cm Quadrat - weiß
46 cm Spitzenborte - weiß
Garn - weiß

**ZUM AUSSCHNEIDEN**
Siehe Schablone 148 auf Seite 95.
Beide Teile ausschneiden.

## EINKAUFSLISTE
*Tasche*

Filz:
1 x 20 cm Quadrat - dunkelgelb
Reststücke - blau, grün
35 cm Kordel - rot
1 Druckknopf
Garn - gelb

## ZUM AUSSCHNEIDEN

Siehe Schablonen 143-145 auf Seite 93. Teile für Tasche und Applikationen ausschneiden.

## WAS ZU TUN IST

1 *Gerade Kante des Taschenteils 5 cm umfalzen, feststecken und Seiten mit kleinen gelben Gegenstichen vernähen.*

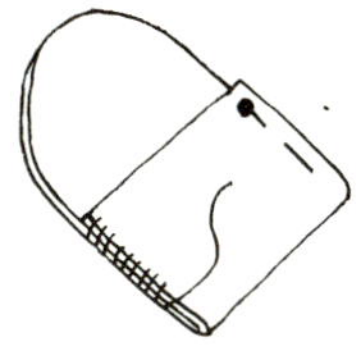

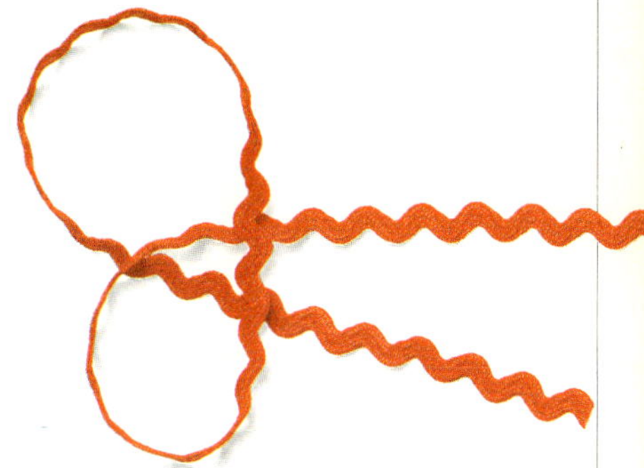

2 *Druckknopfunterteil 2 cm von Unterkante mittig aufnähen, Oberteil 5 mm von der Kante mittig auf die gerundete Klappe nähen.*

3 *Blüte und Blätter auf Außenseite der Klappe nähen. Zuerst die Blätter mit mittigem Stich in doppeltem gelben Garn, dann die Blüte mit gelben Stichen in die Mitte nähen.*

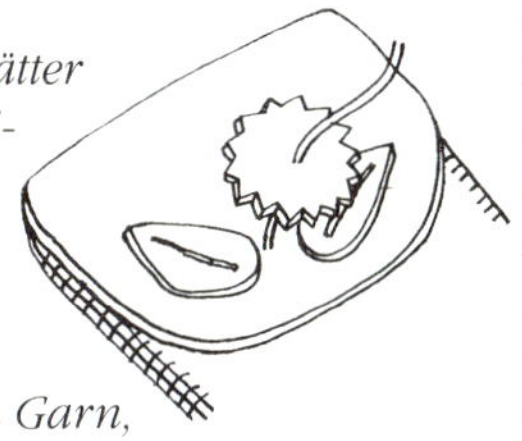

4 *Schließlich die Klappe öffnen und 1 cm von jeder Seite, gerade über dem Falz, je ein kleines Loch stechen. Kordel von außen durchstecken und durch anderes Loch wieder nach außen gehen. Längen ausgleichen und verknoten.*

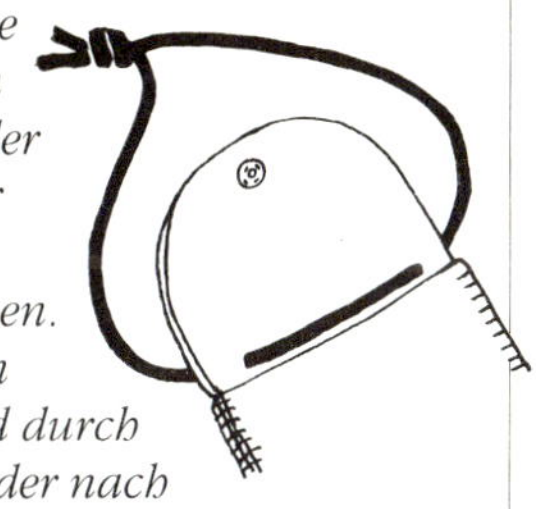

## EINKAUFSLISTE
*Kleid*

Filz:
2 x 20 cm Quadrat - blau
38 cm Zickzackborte - orange
38 cm Zickzackborte - rot
2 Druckknöpfe
Garn - blau, orange, rot

## ZUM AUSSCHNEIDEN

Siehe Schablone 142 auf Seite 93. Teile ausschneiden.

*a*

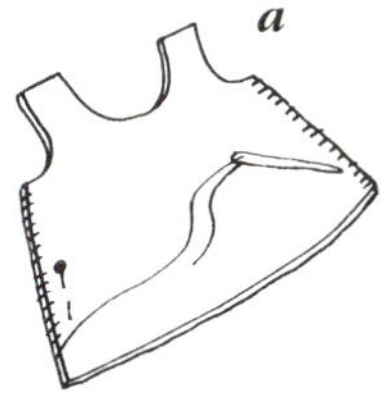

*b*

*c*

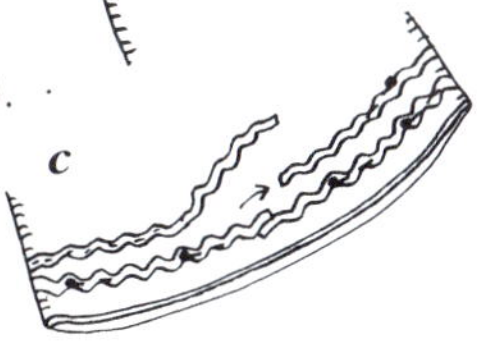

## WAS ZU TUN IST

1 *Die beiden Teile zusammenstecken und an den Seiten mit kleinen blauen Gegenstichen vernähen (vgl.* ***a****).*

2 *Jetzt werden die Druckknöpfe angebracht. Die Oberteile mittig auf die Rückseite der vorderen Träger, die Gegenstücke oben auf die hinteren Träger aufnähen (vgl.* ***b****).*

3 *Die orange Zickzackborte unten (ca. 1 cm von Saum entfernt) überlappend auf das Kleid stecken. Mit kleinen orangen Stichen (Hand oder Maschine) aufnähen. Die rote Borte 1 cm höher in gleicher Weise anbringen (vgl.* ***c****).*

*d*

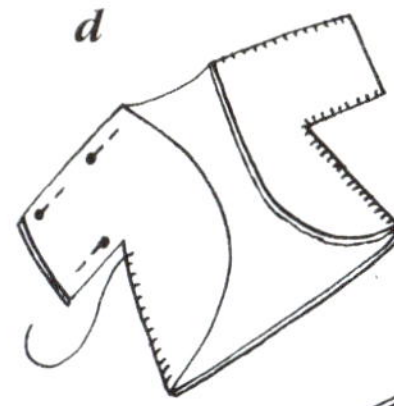

*e*

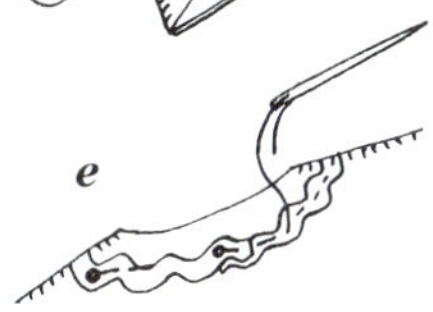

*f*

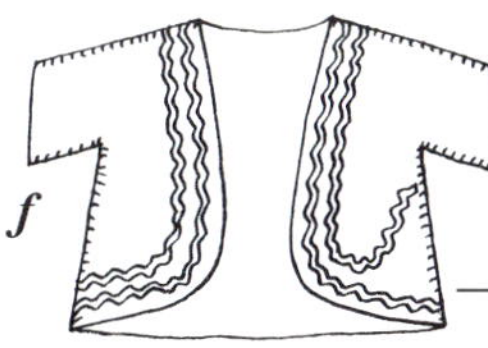

## EINKAUFSLISTE
*Jacke*

Filz:
25 cm x 15 cm Stück - blau
1 m Zickzackborte - orange
1 m Zickzackborte - rot
Garn - blau, orange, rot

## ZUM AUSSCHNEIDEN

Siehe Schablonen 146-147 auf Seite 94-95. Teile ausschneiden

## WAS ZU TUN IST

1 *Die beiden Vorderteile auf das Rückenteil stecken und an den Schultern, Ärmelober- und -unterseiten und den Seiten mit kleinen blauen Gegenstichen vernähen (vgl.* ***d****).*

2 *Die orange Zickzackborte, hinten am Nacken, 1 cm unter der Kante beginnend, an Kragen, Seiten und Rücken feststekken und 1,5 cm überlappen lassen. Überhang abschneiden. Mit kleinen orangen Stichen (Hand oder Masch.) aufnähen (vgl.* ***e****).*

3 *Die rote Borte 1 cm oberhalb der orangen in gleicher Weise anbringen (vgl.* ***f****).*

# GESCHENKE

In einem Zeitalter der Massenproduktion und Kommerzialisierung ist ein handgemachtes, individuelles Geschenk von besonderem Wert. Filz ist zudem ein ideales Bastelmaterial für Kinderhände. Deshalb sind einige der einfacheren Ideen (wie z.B. das Maus-Nadelkissen auf Seite 53) für sie eine exzellente Einführung in das Nähen und das Basteln von Geschenken.

# BLUMEN-PORTEMONNAIE

**EINKAUFSLISTE**
Filz:
0,25 m - schwarz
0,25 m - rot
Reststücke - grün, rosa, gelb
1 großer Druckknopf
Garn - rot, grün, schwarz

**ZUM AUSSCHNEIDEN**
Siehe Schablonen 149-155 auf Seite 95. Blumenteile und je einen 33,5 cm x 15 cm-Filzstreifen in rot und schwarz ausschneiden.

## WAS ZU TUN IST

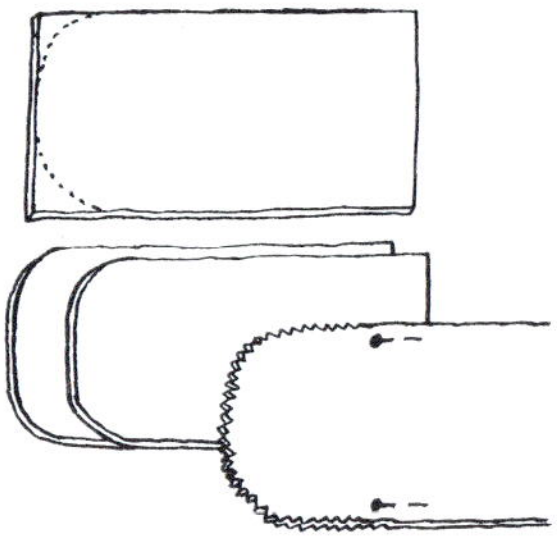

*1 Rotes und schwarzes Filzstück: jeweils an einem Ende Ecken zu einem Bogen abrunden. Schwarzes Stück 22 cm vom geraden Ende entfernt mit einer Stecknadel an beiden Seiten markieren. Zwischen den Markierungen Zickzackrand um den Bogen schneiden.*

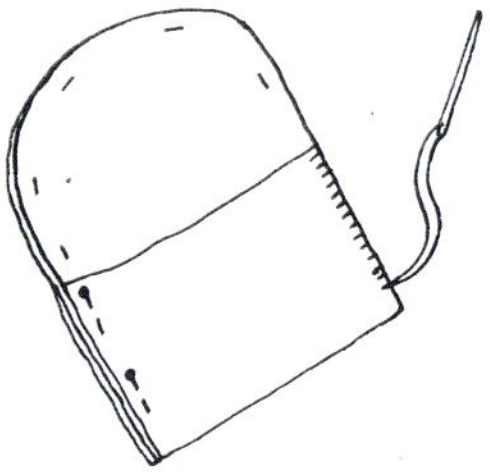

*2 Beide Stücke zusammenstecken und, 11 cm von der geraden Kante entfernt, einmal nach oben falten, den roten Filz nach innen. Beide Seiten zusammenheften und mit doppeltem roten Garn umstekken.*

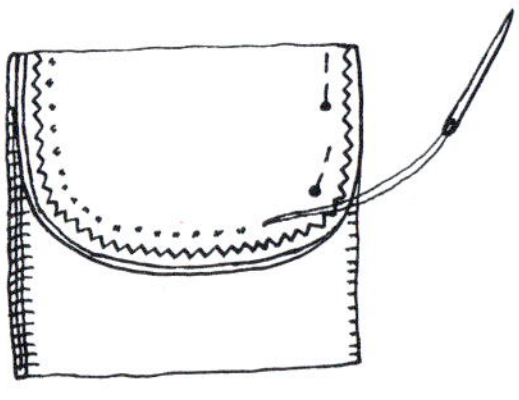

*3 Wiederum mit doppeltem roten Garn eine Reihe aufgesticker Knoten um den Zickzackrand, 5 mm von der Kante entfernt, nähen. Hierbei auch die Unterseite (rot) sauber vernähen.*

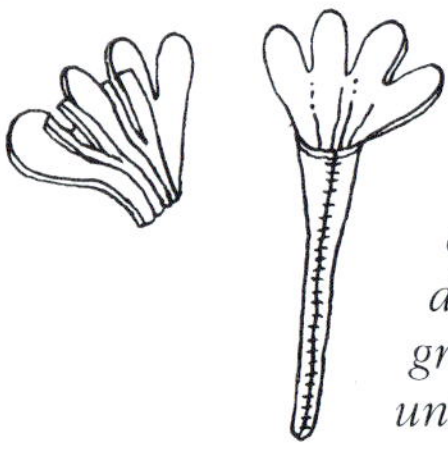

*4 Nun zu den Blumen: rosa Blütenblätter unten zusammendrücken und jeweils 2 gelbe Stücke einlegen. Breites Ende der Stengel um die Blütenblätter wickeln und hinten mit grünem Gegenstich befestigen. Bis zu den unteren Stengelspitzen weiter vernähen.*

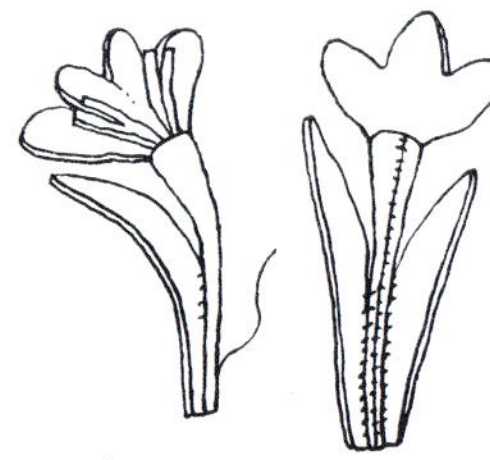

*5 Blätter mit grünen Gegenstichen an die Stengel nähen, eine Blume bekommt ein Blatt, die andere zwei Blätter. Blumen, eng aneinandergelegt, mit schwarzen Ge-genstichen in der Mitte des Portemonnaies plazieren und an den Stengelrückseiten festnähen.*

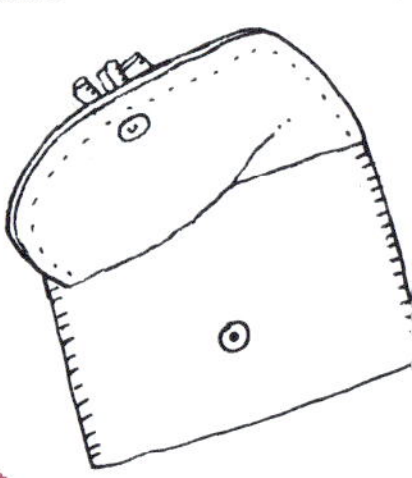

*6 Schließlich obere Hälfte des Druckknopfs unter der Klappe annähen, untere Hälfte an entsprechender Stelle auf Portemonnaie anbringen.*

# VOGELTASCHE

**EINKAUFSLISTE**

Filz:
0,25 m - schwarz
(evt. selbstklebend)
1 x 20 cm Quadrat - grau
1 x 20 cm Quadrat - grün
dünner Karton
Textilkleber
kleiner Klettverschluß - schwarz
doppelseitiges Klebeband
Garn - schwarz

**ZUM AUSSCHNEIDEN**
Siehe Schablonen 156-159 auf Seite 96. Applikationen ausschneiden.

## WAS ZU TUN IST

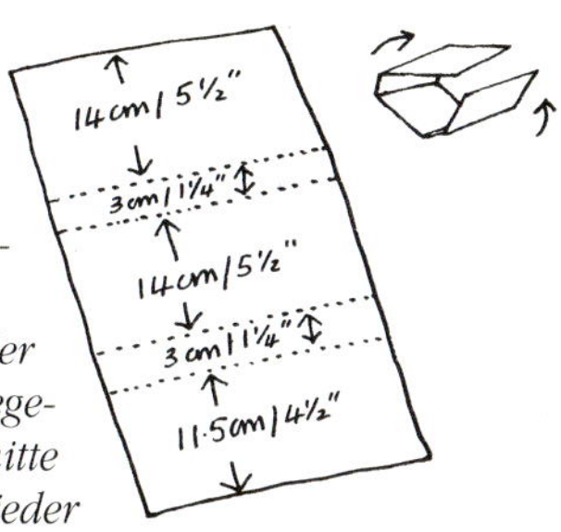


1. *Aus Karton ein 46 cm x 20 cm-Rechteck schneiden und mit Bleistift die in der Abbildung angegebenen 5 Abschnitte markieren. An jeder der Linien den Karton falzen.*

2 *Karton flach auf schwarzen Filz legen und Filz mit einem Überhang von etwa 2 cm auf allen Seiten beschneiden. Filzecken abschneiden und übrige Filzränder umknicken und auf Karton kleben. Fest andrücken. Ein weiteres Stück schwarzen Filz ein wenig kleiner als den Karton ausschneiden und auf der Seite des Kartons mit den Filzrändern ankleben, damit diese verdeckt werden.*

3 *Zwei schwarze 25 cm x 5 cm-Streifen (für Taschenseiten) ausschneiden. Streifen jeweils längs falzen und zusammenkleben. An den ungefalteten Enden mit 2 Schnitten von jeweils 1 cm Länge die Ecken ausschneiden. Doppelseitiges Klebeband in 1 cm-Streifen schneiden und auf 3 Seiten kleben, wie gezeigt.*

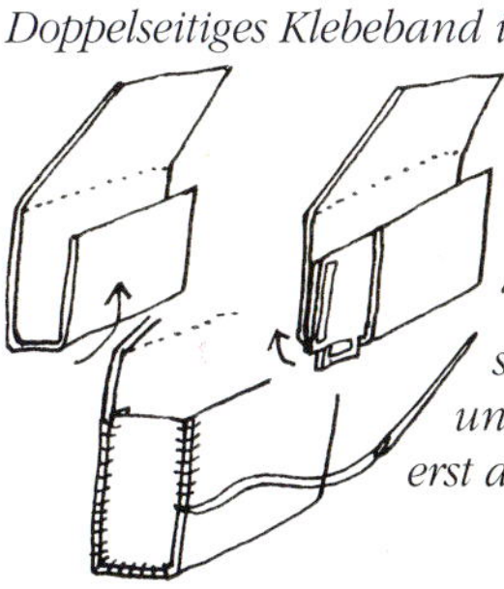

4 *Kürzeren Teil der Tasche nach oben falten, parallel zur Rückseite. Folie von Klebeband abziehen und die Seitenteile einkleben. Seitenteile erst an der vorderen Kante, dann unten und schließlich an der Taschenrückseite einkleben. Fest andrücken. Alle Taschenränder mit doppeltgelegtem schwarzen Garn umnähen. Fingerhut benutzen.*

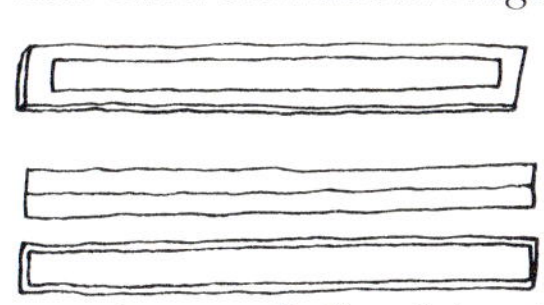

5 *Nun zum Riemen: aus Karton einen 38 cm x 2 cm-Streifen schneiden, auf schwarzen Filz legen und Filz mit einem Überhang von 1 cm auf allen Seiten beschneiden. Festkleben, Seitenränder umknicken und auf Karton aufkleben, Enden noch aussparen. Ein weiteres Stück schwarzen Filz, etwas schmaler als der Karton, aber in der gleichen Länge (ohne Überlappungen), ausschneiden und aufkleben, damit Filzränder verdeckt werden.*

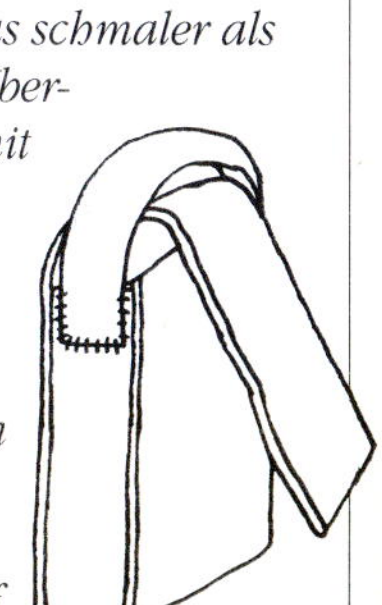

6 *Riemen an Tasche befestigen, indem Riemenenden (4 cm) an Taschenseiten festgeklebt werden. Riemenenden mit doppeltgelegtem schwarzen Garn in Gegenstichen umnähen.*

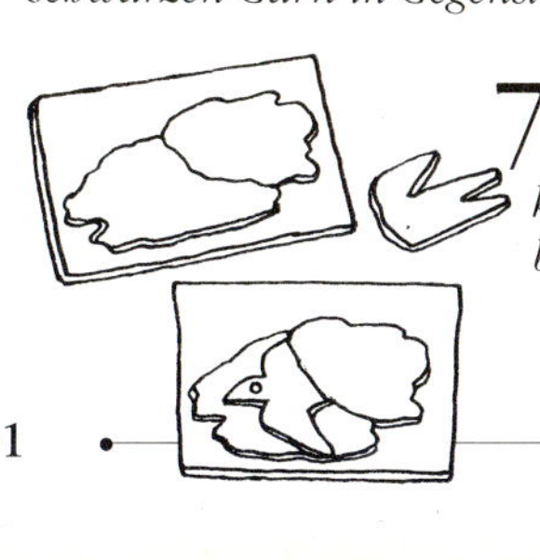

7 *Applikationen auf Vorderseite kleben und andrücken. Klettverschluß unter Klappe beidseitig anbringen.*

# Schachtel mit Korb

### EINKAUFSLISTE

Filz:
25 cm - schwarz (selbstklebend)
Reststück - rot
Borte - blau
vierfädige Wolle - weiß
Textilkleber

### ZUM AUSSCHNEIDEN

Siehe Schablone 160 auf Seite 96. Korbstück ausschneiden.

## WAS ZU TUN IST

*1 Seitenteile, Ober- und Unterseiten der vorgesehenen Schachtel ausmessen und Filz in entsprechender Größe ausschneiden. Um die Schachtel perfekt zu beziehen, Filz etwas größer als die Maße der Schachtel ausschneiden und nach dem Kleben beschneiden.*

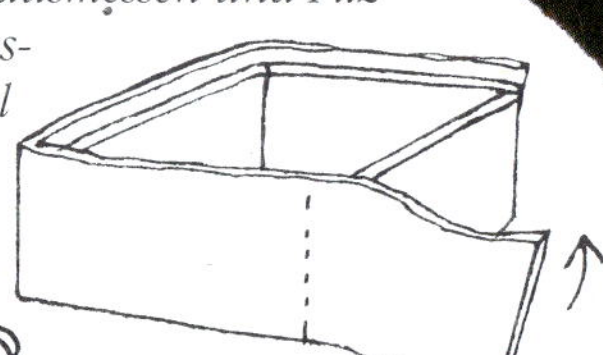

*2 Deckelkanten mit schwarzem Filzstift kolorieren. Nach Wunsch Schachtel auch innen schwarz oder in Kontrastfarbe kolorieren.*

*3 Mit Wolle 3 Reihen kleiner Kreuzstiche auf den Korb nähen. Knoten abschneiden, den Korb auf die Oberseite der bezogenen Schachtel kleben und andrücken.*

*4 Borte mit Überlappung von 1 cm abmessen und rings um die Seiten des Deckels mittig ankleben.*

# MAUS-NADELKISSEN

**EINKAUFSLISTE**
Filz:
1 x 20 cm Quadrat - dunkelgelb
1 x 20 cm Quadrat - türkis
25 cm - schwarz (selbstklebend)
Reststück - hellrosa
2 Stecknadeln mit Perlenkopf
Spielzeugwattierung
Garn - grün, schwarz

**ZUM AUSSCHNEIDEN**
Siehe Schablonen 161-162, 165, 166-167 auf Seite 97. Alle Teile ausschneiden.

## WAS ZU TUN IST

1 *Großes gelbes Stück mit kleinen engen Gegenstichen in grün an runder Kante eines Seitenteils annähen, so daß die Spitzen aufeinanderpassen. Zweites Seitenteil auf gleiche Weise hinzufügen.*

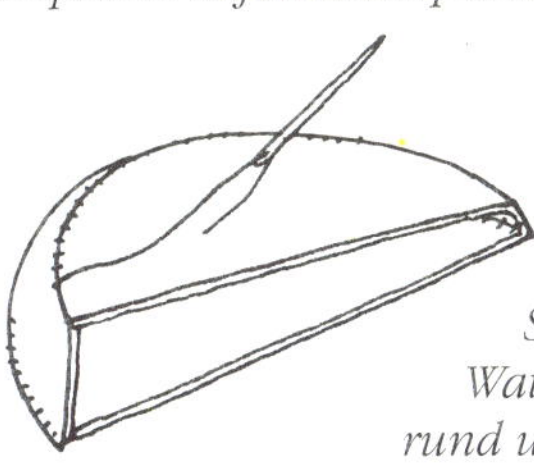

2 *Kleineres gelbes Teil als Unterseite anbringen. An der spitzen Nase beginnen und Schwanzende offenlassen. Wattierung einstecken, bis die Form rund und fest ist, dann Öffnung zunähen.*

3 *Ohren am schmalen Ende zusammendrücken und am Körper in grün, 3 cm über der Nase, an den Nähten aufnähen.*

4 *Schwanz anbringen. Breites Ende des Schwanzes mittig an die hintere Naht nähen.*

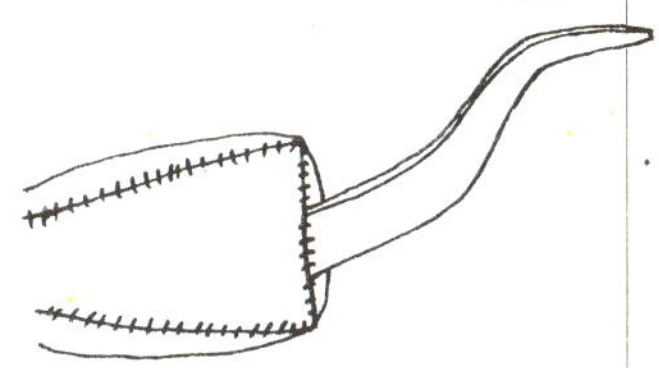

5 *Mit doppeltem schwarzen Garn durch türkisen Filz zwischen Nase und Ohren stechen. An beiden Seiten Garn auf 2 cm Länge schneiden, um Schnurrhaare zu machen. Vorgang 6 mal wiederholen.*

6 *Stecknadeln zwischen Mausohren und Schnurrhaaren als Augen einstecken.*

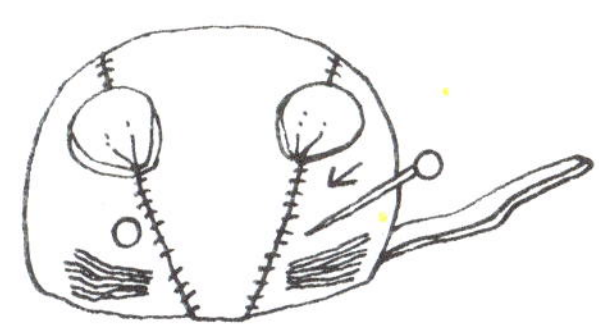

# Herz-Lesezeichen

## ZUM AUSSCHNEIDEN

Siehe Schablonen 168-169 auf Seite 98. 3 Lesezeichen-Streifen und Rechteck (Durchschlagpapier) ausschneiden. Herzen auf Durchschlagpapier zeichnen.

## EINKAUFSLISTE

Filz:
1 x 20 cm Quadrat - dunkelblau
1 x 20 cm Quadrat - rot
1 x 20 cm Quadrat - blau
Textilkleber
Garn - weiß

## WAS ZU TUN IST

***Lesezeichen in rot und marineblau (rechts)***

1 *Herzen aus rotem Filzstück ausschneiden. Hierzu roten Filz längs falten und fest andrücken, Schablone aus Durchschlagpapier auf Filz legen, linken Rand am Falz des Filzes ausrichten. Schablone anheften und Herzen vorsichtig ausschneiden. Schablone entfernen, Filzstreifen aufklappen und bügeln. Ausgeschnittene Herzteile aufbewahren.*

2 *Herzen mit doppeltgelegtem weißen Garn umstecken. Aufpassen, daß die Herzmuster hierbei nicht gedehnt werden.*

3 *Mit doppeltem weißen Garn links und rechts zwischen den Herzen jeweils ein Sternchen aus 4 Stichen aufsticken und auch unten ein Sternchen aufsticken.*

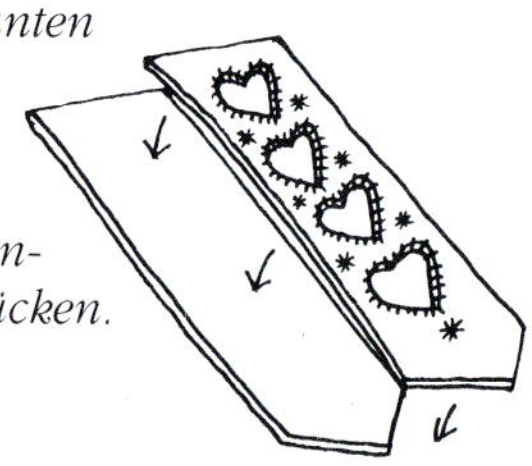

4 *Rotes und dunkelblaues Stück aufeinanderkleben und fest zusammendrücken.*

***Lesezeichen in rot und blau (links)***

1 *Die vier ausgeschnittenen Herzen mit doppeltem weißen Garn besticken: eines mit kleinen Kreuzstichen, ein weiteres mit kleinen Punkten, das dritte mit kleinen Reihstichen um den Rand, das letzte mit einem Kreuzmuster aus großem Reihstich.*

2 *Blauen Filzstreifen mit doppeltem weißen Garn umsticken. Vorder- und Rückseite sauber vernähen.*

3 *Dekorierte, rote Herzen in gleichmäßigen Abständen mittig annähen, Reihenfolge von oben: kleine Kreuzstiche, Reihstiche, großes Kreuzmuster, Punkte. Herzen fest andrücken.*

# Muschel-Nadeletui

## Einkaufsliste

Filz:
1 x 20 cm Quadrat - schwarz
1 x 20 cm Quadrat - blaßrosa
5 großfacettige Pailletten in versch. Farben
5 kleine Perlen
0,5 m Pailletten - orange
0,5 m Pailletten - rosa
1 x 20 cm Quadrat feiner Stoff (Wolle od. ähnliches)
Textilkleber
Garn - schwarz, lila, blaßrosa

## Zum Ausschneiden

Siehe Schablonen 163-164 auf Seite 97. 3 Muscheln aus Filz ausschneiden. 3 innere Lagen aus feinem Stoff auf allen Seiten etwa 5 mm kleiner als die Muscheln ausschneiden; Kurvenrand mit Zickzackschere schneiden.

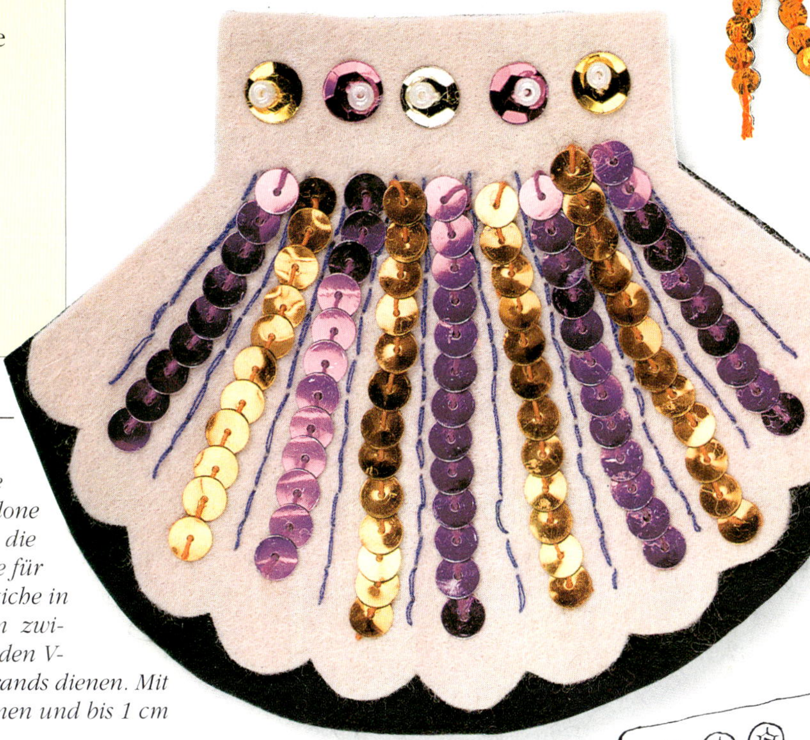

## Was zu tun ist

*1 Zehn Punkte (siehe Schablone 164) markieren, die als Anhaltspunkte für die geraden Reihstiche in doppeltem lila Garn zwischen der Spitze und den V-Ausschnitten des Bogenrands dienen. Mit dem Reihstich an der Spitze beginnen und bis 1 cm vor dem Bogenrand nähen.*

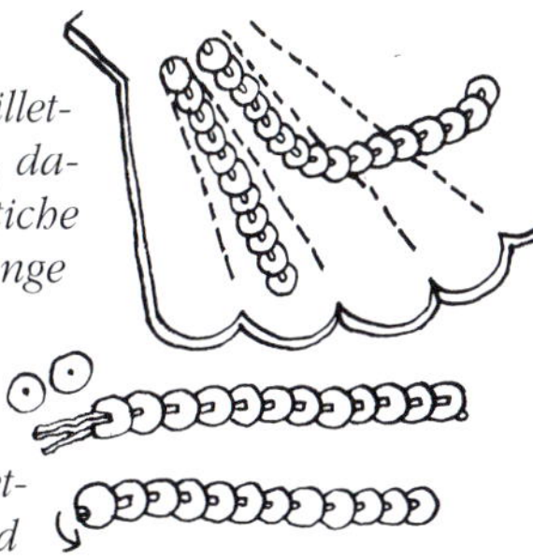

*2 Orangefarbene und rosa Pailletten-Ketten zurechtschneiden, damit diese zwischen die lila Reihstiche passen. Rosa (5 Reihen) und orange Pailletten (4 Reihen) sollten sich abwechseln, an die Außenseiten gehören jeweils rosa Pailletten. Von jeder Paillettenreihe 2 Pailletten an einem Ende abziehen und Faden unterklappen, Faden am anderen Ende nach der letzten Paillette abschneiden.*

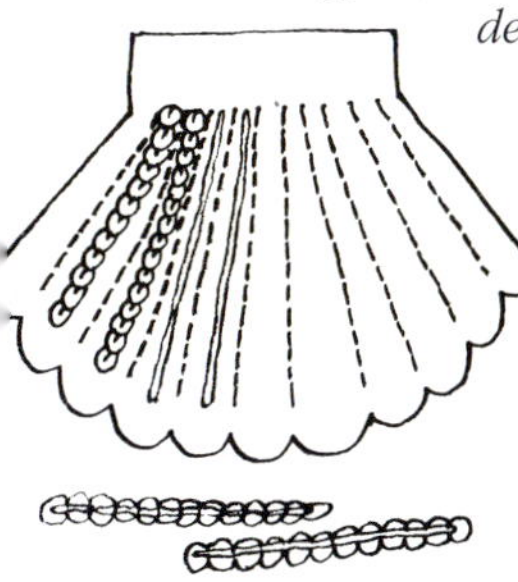

*3 Mit den Fäden nach unten, zwischen den Reihstichen aufkleben. Kleber auf Paillettenrückseite und Filz als dünne Linie auftragen.*

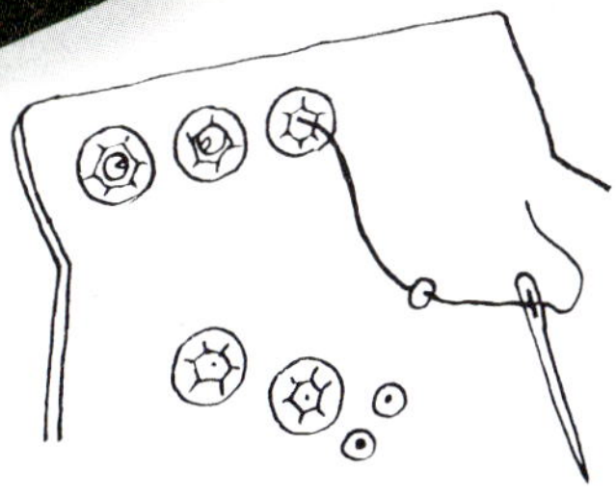

*4 Fünf großfacettige Pailletten mit je einer Perle mit rosa Garn in einer Reihe an der Oberkante der Muschel annähen.*

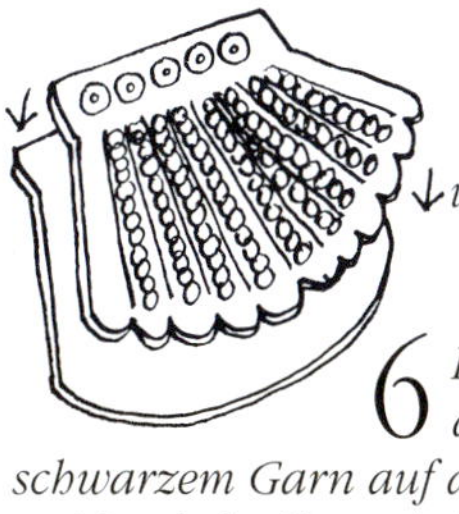

*5 Rosa Muschel auf eine schwarze Filzmuschel kleben, Oberkante und Seiten deckend.*

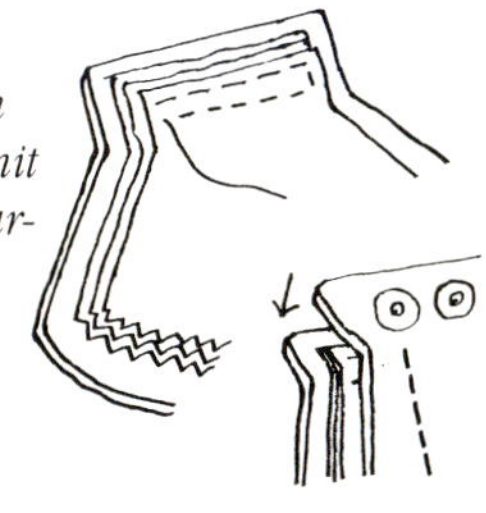

*6 Innere Lagen an der Oberkante mit schwarzem Garn auf die zweite schwarze Muschel nähen. Auf die Stiche, entlang der Oberkante, Kleber auftragen und beide Teile zu einem Etui fest zusammenpressen.*

# Besondere Anlässe

Ein Teil der Freude festlicher Anlässe liegt in der Vorbereitung und Herstellung von Dekorationen für das Zuhause. Die Möglichkeiten, attraktive Weihnachtsdekorationen aus Filz zu basteln, sind schier unbegrenzt. Andere Festtage, wie Valentinstag oder Ostern, sind ebenfalls ideale Gelegenheiten für Kreationen aus Filz.

# OSTERKORB

## EINKAUFSLISTE

Filz:
0,25 m - braun
1 x 20 cm Quadrat - schwarz
Reststücke - rot, gelb
2 kleine Perlen - schwarz
Spielzeugwattierung
dünner Karton
Textilkleber
Garn - gelb, braun,
rot, schwarz

## ZUM AUSSCHNEIDEN

Siehe Schablonen 170-176 auf den Seiten 98-99. Alle Teile sowie einen braunen 39 cm x 14 cm-Filzstreifen ausschneiden.

## WAS ZU TUN IST

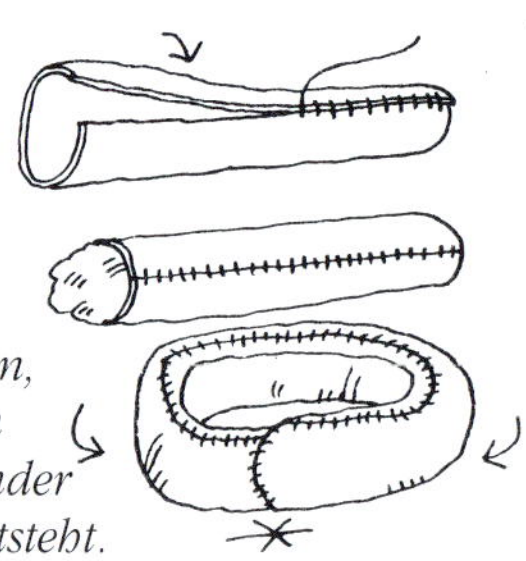

*1 Brauen Filzstreifen längs falten und Kanten 1 cm überlappen lassen. Kante mit braunem Garn vernähen. Vorsicht! Nicht bis zur anderen Seite durchstechen. Enden offen lassen und Wattierung einfüllen, bis die Form rund und weich ist. Ein Ende in das andere stecken und Ränder vernähen, damit eine Reifenform entsteht.*

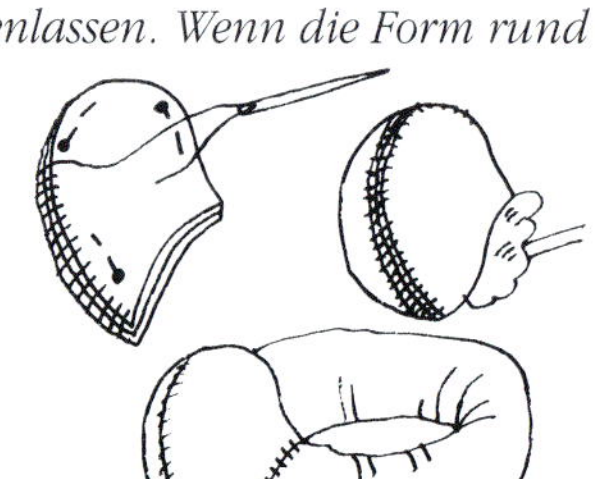

*2 Braune Kopfteile aneinanderstecken und mit kleinen braunen Gegenstichen Ränder umnähen. Den kleinen Kurvenrand zum Wattieren offenlassen. Wenn die Form rund und weich ist, auf "Reifen" nähen. Hierbei Reifennaht abdecken, lange Reifennaht kommt nach unten.*

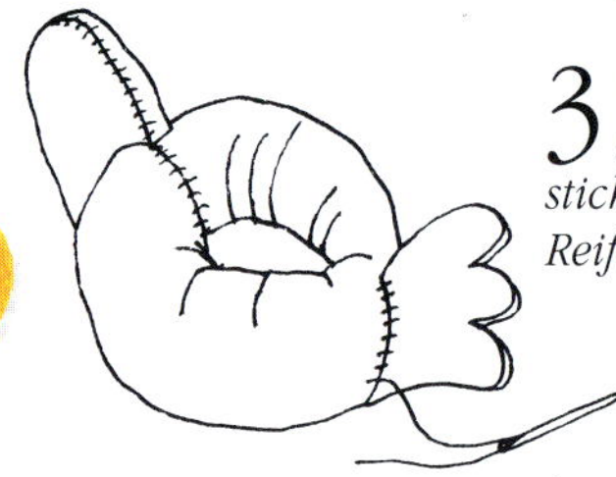

*3 Braunen Schwanz an seiner geraden Kante mit kleinen Gegenstichen in braun an Reifen nähen.*

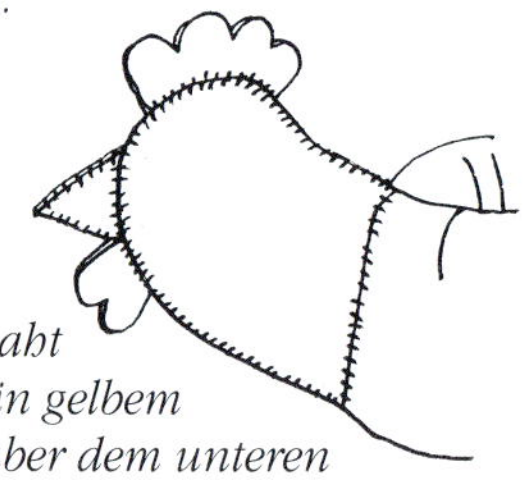

*4 Zwei rote Kammteile mit roten Gegenstichen entlang der Kopfnaht annähen. Zwei gelbe Schnabelteile in gelbem Gegenstich zusammennähen und über dem unteren Kammteil in gelbem Gegenstich annähen.*

*5 Zwei kleine Kreise aus gelbem Filz ausschneiden und mit schwarzem Garn je 1 schwarze Perle in der Mitte annähen. Als Augen ankleben.*

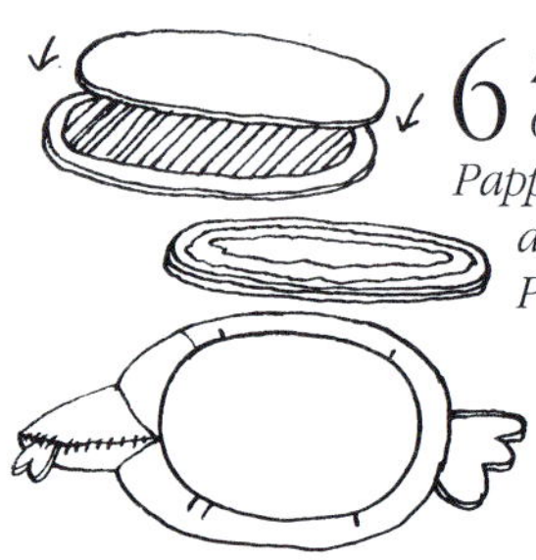

*6 Zwei schwarze Ovale und eine Pappe als Sandwich aufeinanderlegen, Reihenfolge: Filz-Pappe-Filz. Pappe auf ein Filzstück, das andere Filzstück obenauf kleben. Schließlich Rand des Ovals auf Reifenunterseite kleben und fest andrücken.*

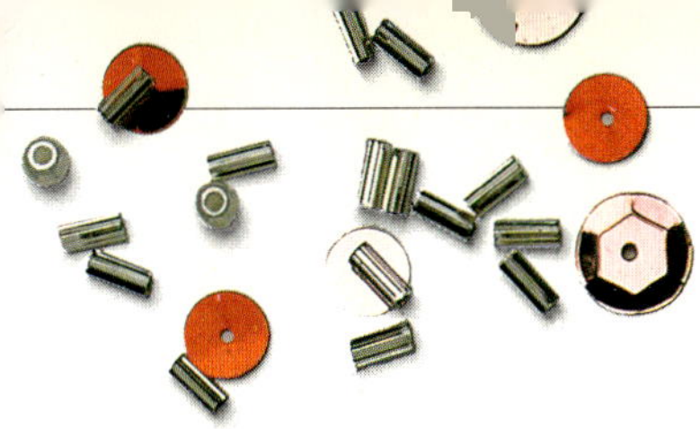

# VALENTINSHERZ

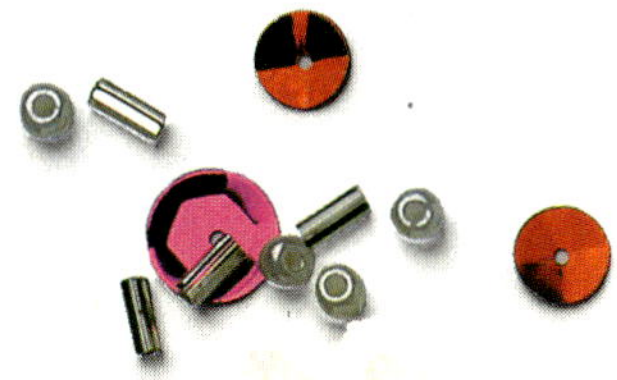

**ZUM AUSSCHNEIDEN**
Siehe Schablone 177 auf Seite 99.
Herzteil doppelt ausschneiden.

**EINKAUFSLISTE**

Filz:
2 x 20 cm Quadrat - rot
0,5 m - 1,5 cm breite Spitze - weiß
0,5 m - Pailletten - rosa
1 Pkg. Perlenkopfnadeln
1 Pkg. farbige Perlenkopfnadeln
1 Pkg. Stecknadeln
1 Pkg. Dekonadeln
1 Pkg. Röhrchenperlen - silber
7 kleine Pailletten - rot
14 große facettierte Pailletten - rosa
7 große facettierte Pailletten - dunkelrosa
1 Pkg. kleine Pailletten - rosa
1 große Schmuckpaillette - rot
1 Pkg. Perlen - perlmutt
1 Pkg. kleine Perlen - rot
Spielzeugwattierung
Garn - rot, weiß

## WAS ZU TUN IST

1 *Silberne Röhrchenperlen 3 cm vom Rand entfernt auf eines der Herzen nähen.*

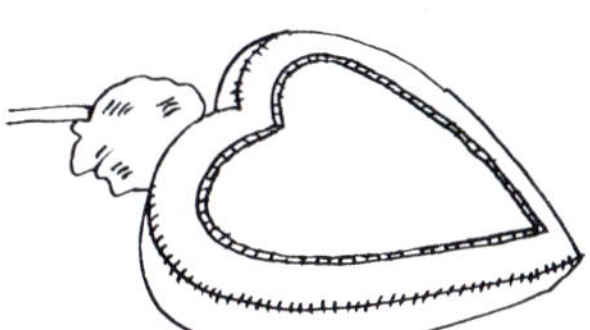

2 *Filzherzen in roten Gegenstichen zusammennähen, kleine Öffnung für Wattierung freilassen. Fest ausstopfen und schließen.*

3 *Auf der Rückseite Spitze unterhalb der Naht annähen und mit weißem Faden kleine Krausen ziehen.*

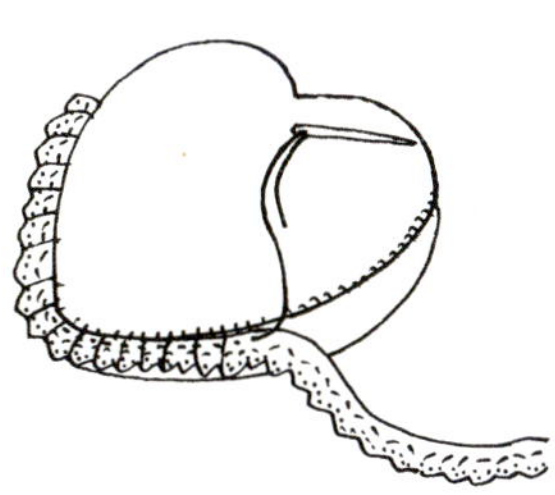

4 *Wieder umdrehen und rosa Paillettenkette vorsichtig am Spitzenrand ankleben.*

5 *Mit Stecknadeln, Perlen und Pailletten aufdekorieren - nicht annähen. Röhrchenperlenherz mit einer Reihe Perlenkopfnadeln in zwei Hälften teilen (Nadeln vollständig einstecken und aufpassen, daß keine auf der Rückseite zu sehen ist). Der Abbildung folgen, Perlen und Pailletten mit Stecknadeln befestigen, Abschnitte nacheinander fertigstellen.*

6 *Zum Schluß abwechselnd Perlenkopf- und Dekonadeln durch die rosa Pailletten stecken, die zwischen den Röhrchenperlen und der angeklebten rosa Paillettenkette liegen.*

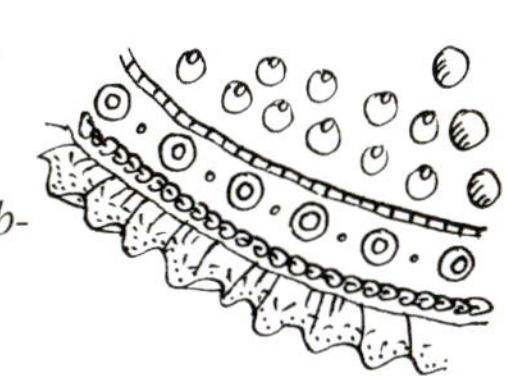

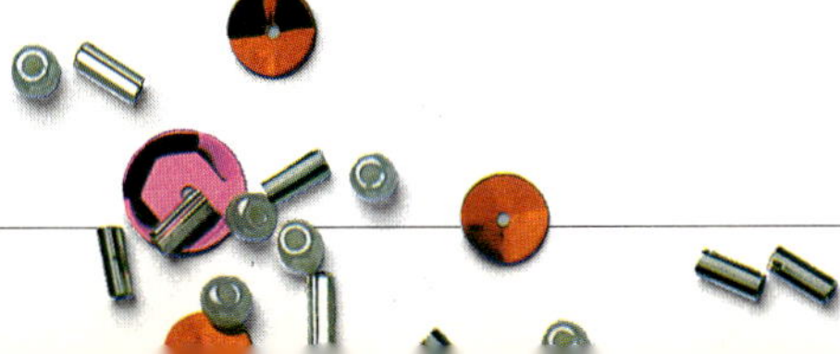

# WEIHNACHTSSTRÜMPFE

**EINKAUFSLISTE**
*Rentier-Strumpf*
Filz:
25 cm - rot
1 x 20 cm Quadrat - schwarz
vierfädige Wolle - weiß
Garn - rot und schwarz

**ZUM AUSSCHNEIDEN**
Siehe Schablonen 178-180 auf den Seiten 100-101. Rote Strumpfteile, Streifen und Applikationen ausschneiden.

## WAS ZU TUN IST

1 *Die Zehenspitze der einen Strumpfhälfte nach links gerichtet, stecken Sie das Rentier fest (Kopf links). Mit kleinen sauberen Gegenstichen in schwarz aufnähen.*

2 *Mit weißer Wolle und einer Stopfnadel Schneeflocken auf den ganzen Strumpf und rings um das Rentier sticken.*

3 *Die zwei Strumpfhälften zusammenstecken und entweder mit der Maschine in Zickzacknaht oder per Hand in Reihstich mit rotem Garn vernähen - oben offenlassen.*

4 *Die zwei roten Streifen an den Kanten entweder mit der Maschine oder per Hand in Reihstich aneinandernähen. Falten, und die beiden Enden (1,5 cm) in den Strumpf an der rechten Oberkante stecken. Mit sauberen Reihstichen festnähen.*

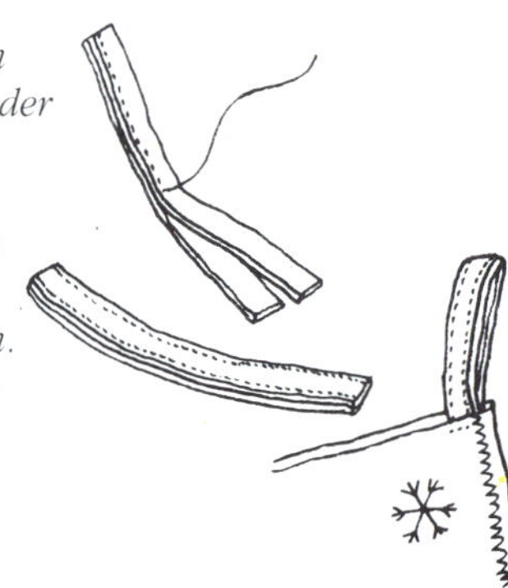

### ZUM AUSSCHNEIDEN

Siehe Schablonen 178-184 auf Seite 100-101.
Grüne Strumpfteile, Streifen und Applikationen ausschneiden.

### EINKAUFSLISTE

*Weihnachtsbaum-Strumpf*

Filz:
22,5 cm - grün
1 x 20 cm Quadrat - dunkelgrün
1 x 20 cm Quadrat - dunkelgelb
Reststücke - weiß, rot
Große Pailletten - rot
einige Schmuckpailletten - rot und gold
Garn - grün, rot, dunkelgrün, weiß, gelb

### WAS ZU TUN IST

1 *Die Zehenspitze der einen Strumpfhälfte nach links gerichtet, stecken Sie den Baum 7,5 cm von oben mittig fest. Mit kleinen sauberen Gegenstichen in dunkelgrün die Ränder umnähen.*

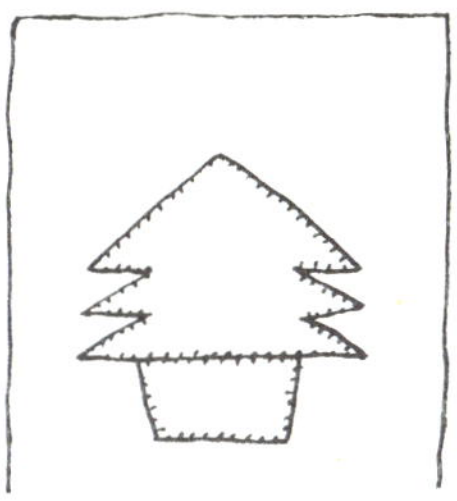

2 *Topf unter dem Baum mittig anstecken und in rot annähen.*

3 *Weiße Geschenke mit weißem Gegenstich auf den Baum nähen und auf diese jeweils ein Kreuz in Kettenstich mit doppeltem roten Garn sticken.*

4 *Sterne in gleichmäßigen Abständen mit gelben Gegenstichen auf Baum und Strumpf nähen sowie einen Stern auf die Baumspitze. Rote Pailletten und Schmuckpailletten zwischen Sternen und Geschenken auf dem Baum plazieren.*

5 *Die zwei Strumpfhälften zusammenstecken und entweder mit der Maschine in Zickzacknaht oder per Hand in Reihstich mit grünem Garn vernähen - oben offenlassen.*

6 *Die zwei grünen Streifen an den Kanten entweder mit der Maschine oder per Hand in Reihstich aneinandernähen. Falten, und die beiden Enden (1,5 cm) in den Strumpf an der rechten Oberkante stecken und festnähen.*

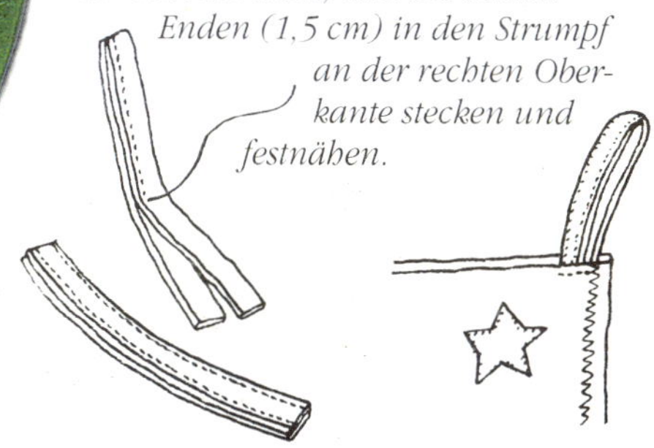

# WEIHNACHTSDEKORATIONEN

*Filz ist ein wunderbares Material für Weihnachtsschmuck. Die leuchtenden festlichen Farben, die es zu kaufen gibt, ermöglichen eine Vielzahl von attraktiven Designs. Die folgenden Ideen können als Baumschmuck oder Tischdekoration verwendet werden.*

*Taube,*
*siehe Seite 67*

*Stern,*
*siehe Seite 64*

*Kranz mit Stechpalmenblättern,*
*siehe Seite 63*

*Weihnachtsengel,*
*siehe Seite 65*

*Teddybär-Strumpf,*
*siehe Seite 66*

# KRANZ MIT STECHPALMENBLÄTTERN

**ZUM AUSSCHNEIDEN**
Siehe Schablonen 185-189 auf Seite 102. Teile ausschneiden.

**EINKAUFSLISTE**
Filz:
2 x 20 cm Quadrat - dunkelgrün
1 x 20 cm Quadrat - grün
Reststück - rot
10 cm Kordel - rot
20 kleine Holzperlen - rot
Spielzeugwattierung
Textilkleber
Garn - grün, rot

## WAS ZU TUN IST

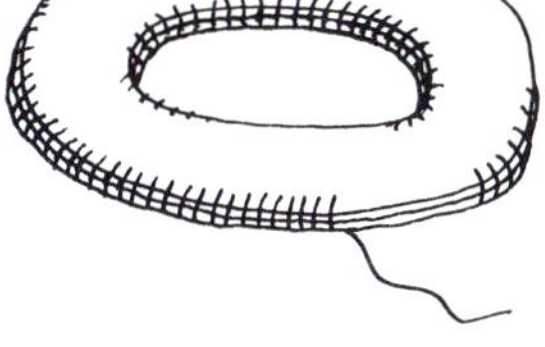

*1 Die zwei Ringteile aufeinanderstecken und mit grünem Gegenstich um den inneren Kreis aneinandernähen. Außenränder ebenfalls vernähen, kleine Öffnung zum Wattieren lassen.*

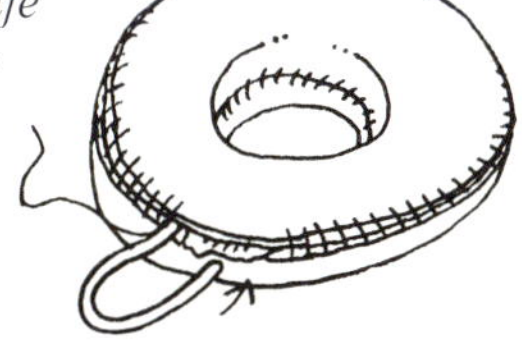

*2 Fest und rund ausstopfen. Schlaufe aus roter Kordel machen, Kordelenden in die Öffnung stecken und durch Zunähen befestigen.*

*3 Stechpalmenblätter in gleichmäßigen Abständen um den Kranz feststecken und ankleben.*

*4 Rote Perlen am Innen- und Außenrand zwischen den Blättern aufnähen.*

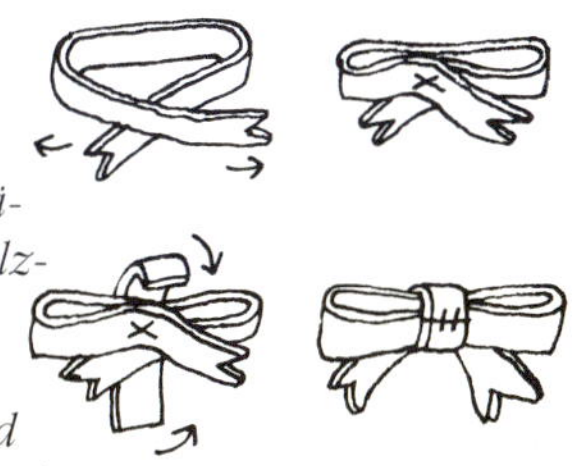

*5 Langen roten Filzstreifen, wie abgebildet, zu einer Schleife binden und mit rotem Garn vernähen. Kurzen Filzstreifen um die Schleifenmitte wickeln und annähen.*

*6 Schleife von hinten an den Kranz nähen.*

# STERN

**EINKAUFSLISTE**
Filz:
1 x 20 cm Quadrat - gelb
10 Goldperlen
25 Glasperlen - gold
11 Pailletten - gold
11 kleine Perlen - gelb
10 cm Goldkordel
Spielzeugwattierung
Goldgarn - dicke Qualität
Garn - gelb

**ZUM AUSSCHNEIDEN**
Siehe Schablonen 195-196 auf Seite 103. 2 Sterne und gefranste Filzstücke ausschneiden.

## WAS ZU TUN IST

1 *Gefranste Stücke falzen und Falzenden auf einen der Sterne zwischen die Spitzen kleben.*

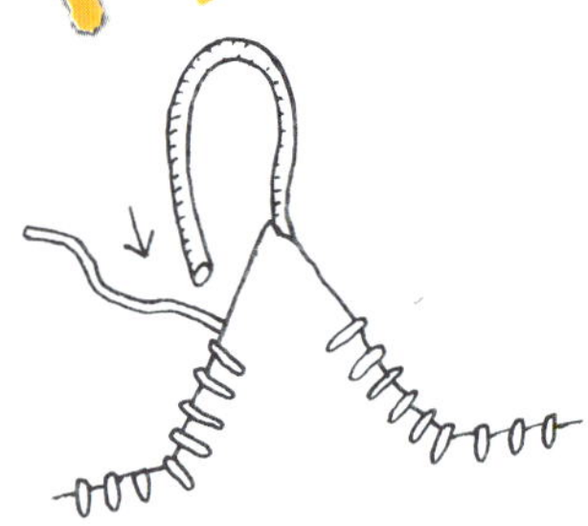

2 *Zweiten Stern auf den ersten stecken und mit Goldfaden (auch durch die Fransen) zusammennähen. Eine Spitze für Schlaufe und zum Wattieren offenlassen.*

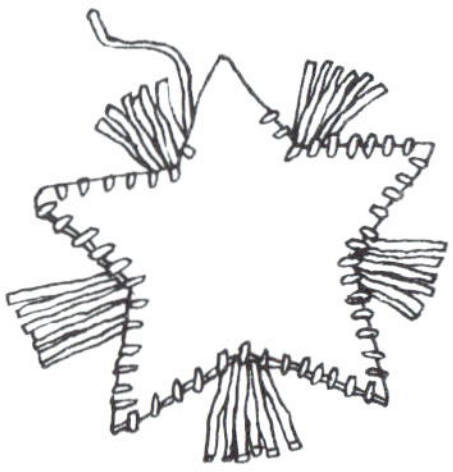

3 *Weich ausstopfen, Goldkordel falten und Enden in die offene Spitze stecken. Öffnung vernähen.*

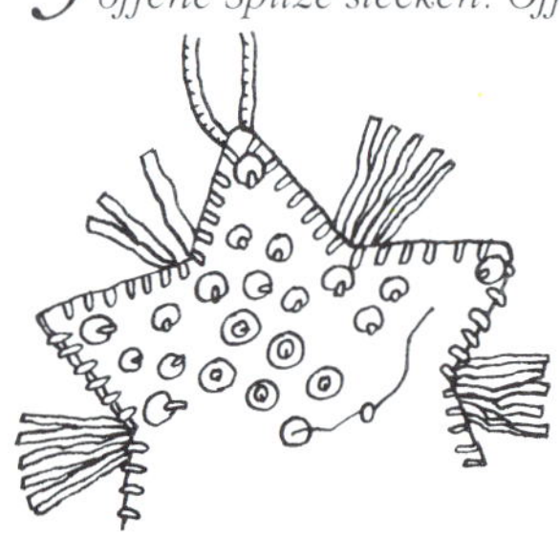

4 *Stern mit Perlen und Pailletten dekorieren. Pailletten mit aufgesetzter kleiner gelber Perle mit gelbem Faden in der Mitte aufnähen.*

# WEIHNACHTSENGEL

**ZUM AUSSCHNEIDEN**
Siehe Schablonen 199-204 auf Seite 103. Teile ausschneiden.

**EINKAUFSLISTE**
Filz:
1 x 20 cm Quadrat - weiß
Reststücke - fleischfarben, orange, braun
10 cm Goldkordel
Glasperlen - gold
5 Pailletten - gold
15 cm Goldborte
Spielzeugwattierung
Textilkleber
Garn - weiß, schwarz
Goldgarn

## WAS ZU TUN IST

1 *Die zwei weißen Engelhälften zusammenstecken und mit kleinen sauberen Gegenstichen in weiß am Rand umnähen. An Längsseite des Kleides beginnen, am Ärmelende Hand einstecken und festnähen. Um den Kopf weiternähen und Kordelenden am Flügelansatz einstecken. Kleidunterkante offenlassen.*

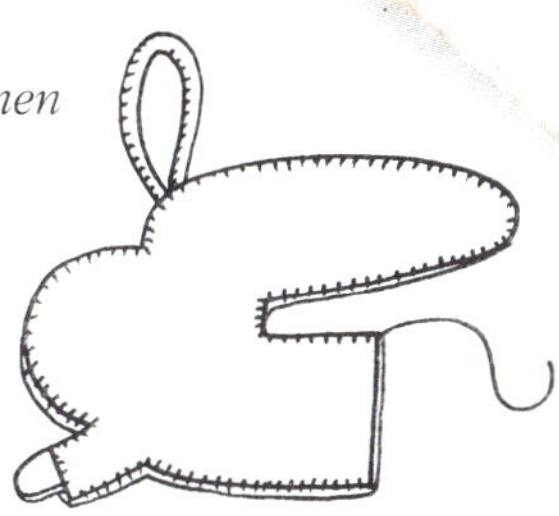

2 *Weich ausstopfen. Engel nach links richten, Fußteil in Öffnung stecken und zunähen.*

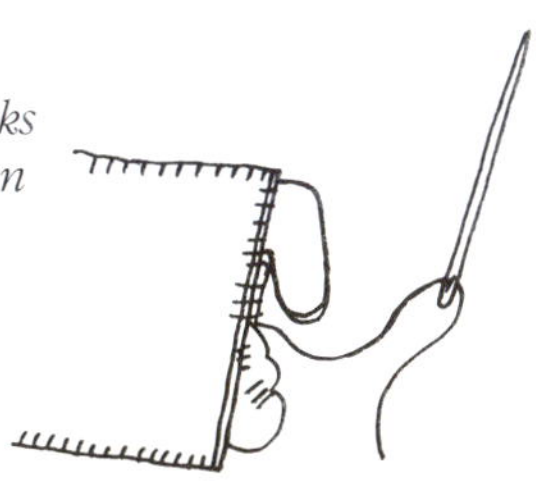

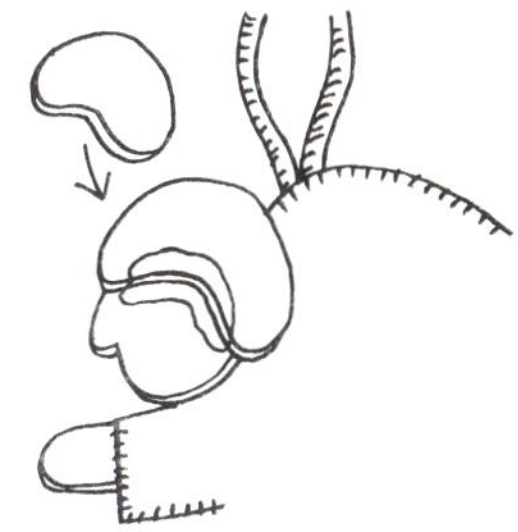

3 *Gesicht, Heiligenschein und Haar ankleben. Mit schwarzen Stichen Augen aufsticken. Vorsicht! Nicht bis zur Rückseite durchstechen!*

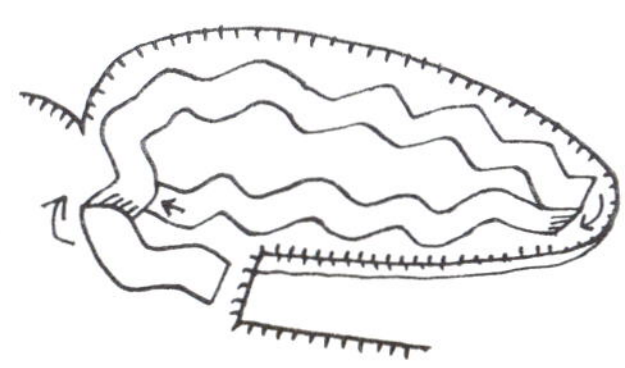

4 *Flügel mit Schlaufe aus Borte dekorieren.*

5 *Perlen und die Pailletten mit aufgesetzter Perle mit Goldfaden annähen.*

# TEDDYBÄR-STRUMPF

**EINKAUFSLISTE**

Filz:
1 x 20 cm Quadrat - rot
Reststücke - senffarben, weiß, grün
5 kleine Perlen - rot
10 cm Kordel - rot
Textilkleber
Spielzeugwattierung
Garn - schwarz, rot, senffarben

**ZUM AUSSCHNEIDEN**

Siehe Schablonen 190-193 auf Seite 102. Teile ausschneiden.

## WAS ZU TUN IST

1 *Die zwei roten Strumpfhälften zusammenstecken und Ränder mit kleinen sauberen Gegenstichen in rot vernähen. Oben offenlassen.*

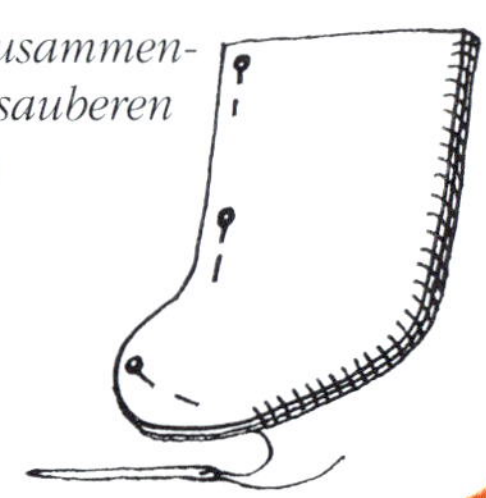

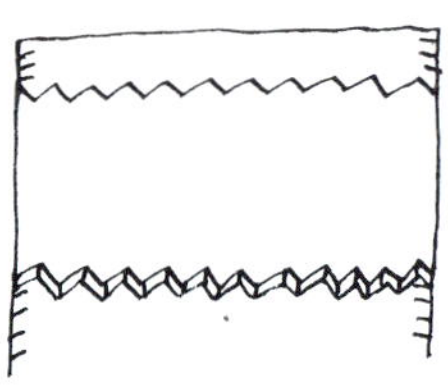

2 *Weißen Streifen 5 mm von oben um den Strumpf kleben.*

3 *Drei Stechpalmenblätter auf weiße Borte stecken und festnähen, die fünf kleinen Perlen mit rotem Garn annähen.*

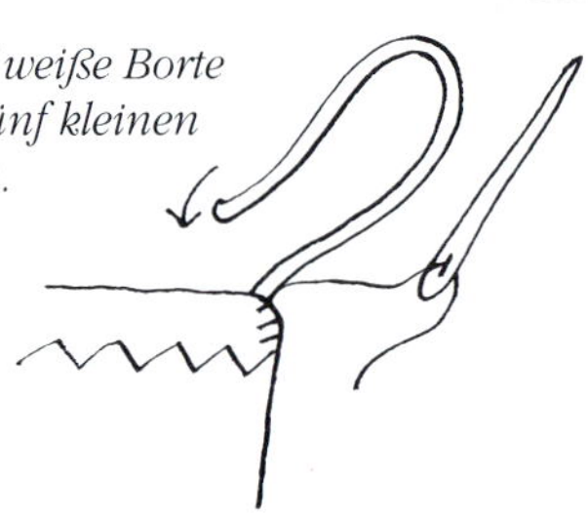

4 *Kordel zu einer Schlaufe falten, Enden an der rechten Oberkante in den Strumpf stecken und festnähen.*

5 *Machen Sie nun den kleinen Teddy, indem Sie die zwei Hälften aufeinanderstecken und Ränder mit passendem Garn umnähen. Scheitel zum Wattieren offenlassen. Wattierung bis in die Arme und Beine stopfen und Öffnung vernähen.*

6 *Augen, Nase und Mund mit doppeltem schwarzen Garn aufsticken. Strumpf bis in die Spitze mit etwas Wattierung füllen, genügend Platz für den Teddy lassen.*

# TAUBE

**EINKAUFSLISTE**
Filz:
1 x 20 cm Quadrat - weiß
1 x 20 cm Quadrat - grau
Reststück - gelb
12,5 cm schmales Seidenband - weiß
durchsichtige Glasperlen
Röhrchenperlen - silber
2 kleine Perlen - schwarz
2 Pailletten - blaßblau
Textilkleber
Spielzeugwattierung
Garn - weiß

**ZUM AUSSCHNEIDEN**
Siehe Schablonen 194, 197-198 auf Seite 103.
Teile ausschneiden.

## WAS ZU TUN IST

1 *Die zwei Taubenhälften aufeinanderstecken und mit kleinen weißen Gegenstichen vernähen - vorne 2 cm für den Schnabel offenlassen. Durch Öffnung fest und rund ausstopfen.*

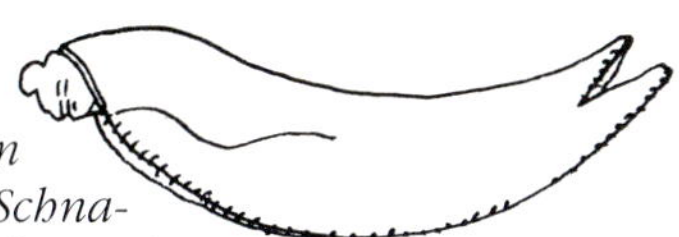

2 *Gelbe Schnabelteile zusammenkleben, leicht in die Öffnung stecken und mit den Taubenhälften vernähen.*

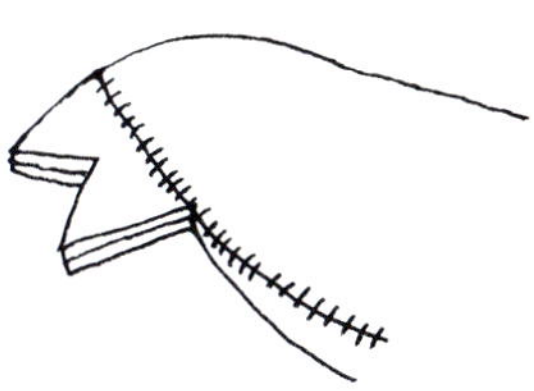

3 *Weiße Flügelteile mit 3 Reihen Röhrchenperlen und einigen Glasperlen dekorieren. Die Flügel sollten in entgegengesetzte Richtungen zeigen.*

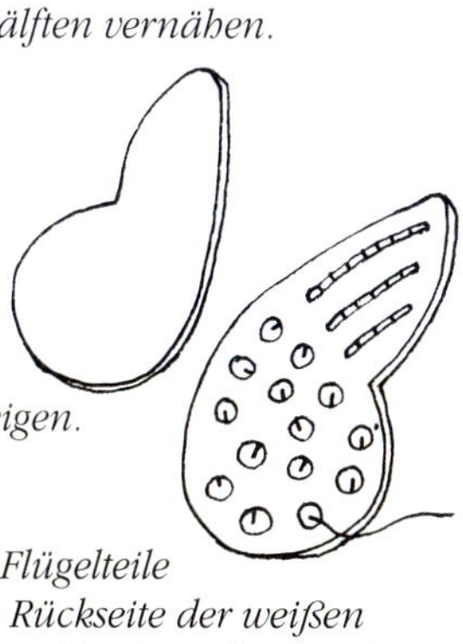

4 *Graue Flügelteile auf die Rückseite der weißen Flügel kleben. Trocknen lassen. An den Taubenkörper kleben.*

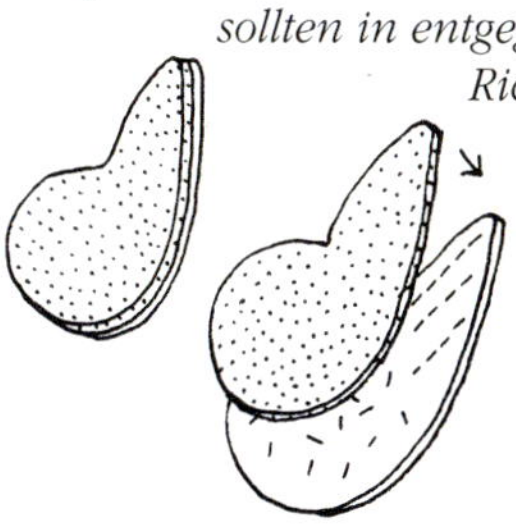

5 *Schwarze Perle mit blauen Pailletten als Augen aufnähen.*

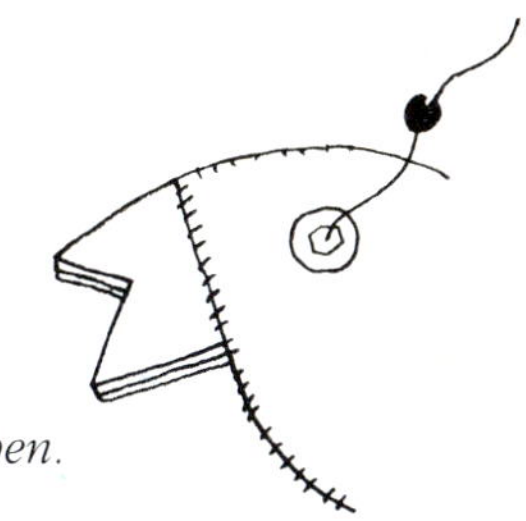

6 *Seidenband falten und Enden auf Rücken zwischen den Flügeln anstecken. Taube am Band festhalten, und prüfen, wie sie hängt. Band justieren, bis die Taube gut hängt, dann mit einigen Stichen festnähen.*

*Kopieren Sie Ihr Lieblingsbild, um eine eigene (wattierte) Filzcollage zu entwerfen.*

*Benutzen Sie die Teddy-Schablone (vom Teddybären-Fries, S. 32), schneiden zwei Hälften in beliebiger Farbe aus und nähen diese zusammen, um ein weiches Stofftier zu basteln. Aufgesticktes Gesicht und Schleife ergänzen.*

# Variationen

*Hier nun einige Variationen, die mit den Ideen, Schablonen und Techniken aus dem Buch arbeiten, diese aber neu kombinieren oder andere Farben verwenden, um ganz neue Ergebnisse zu erzielen. Sie können experimentieren und, wenn Sie etwas Erfahrung im Umgang mit Filz gesammelt haben, Perlen, buntes Garn und Schleifen verwenden, um Ihren fertigen Objekten einen besonderen Glanz zu geben.*

*Die Baby-Pantoffeln (S. 17) kann man, sollen sie sanfter wirken, in weiß, blau oder rosa fertigen. Vielleicht werden sie sogar ein besonderer Teil der Taufkleidung.*

*Der Vogelhut (S. 14), hier in schlichtem schwarzen Filz, mit schwarzen Nähten und seitlich angestecktem Blumenstrauß.*

*Verwenden Sie selbstkleben-den Filz und verzieren Sie allerlei Dosen.*

*Noch eine einfache Idee für ein Nadeletui.*

# Sticharten und Techniken

## Stiche

### Kettenstich

Indem man das Garn doppelt nimmt, macht man einen Stich und kommt von unten am Stichende zwischen den Fäden hoch. So entsteht eine Reihe.

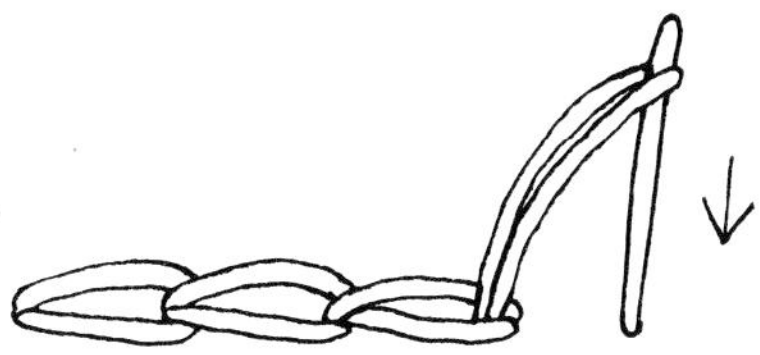

### Schlingstich

Dieser Stich wird zum Befestigen und Versäubern mehrfacher Kanten benutzt. Von links nach rechts nähen. Den Faden von unten durchstechen (* auf Abb.).

Mit linkem Daumen festhalten und die Nadel in gewünschtem Abstand senkrecht durch Filz und Fadenschlaufe führen. Weiter mit Daumen halten und nächsten Stich ausführen. Bei langen Säumen möglichst langen Faden verwenden, um Anstückeln zu vermeiden. Zum Verzieren kann man einen andersfarbigen Faden unter dem Schlingstich durchführen (vgl. Fäustlinge und Baby-Pantoffeln, S. 16-17).

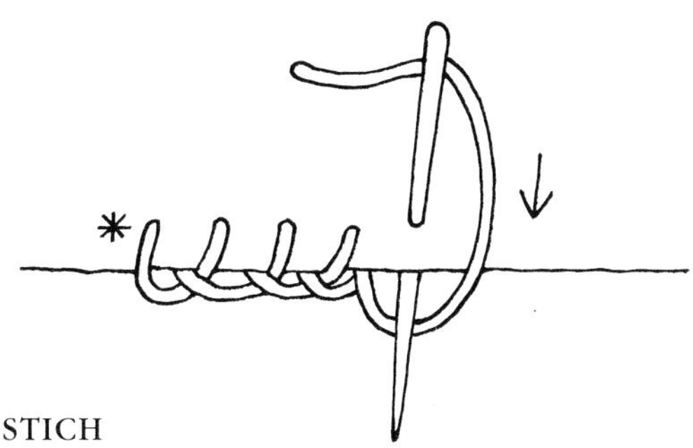


### Reihstich

Die Stichlänge und -abstände können unterschiedlich sein, müssen aber, einmal gewählt, beibehalten werden. Von rechts nach links nähen. Um kein Material zu verschwenden, nähen Sie immer möglichst nahe an der Stoffkante. Filz franst nicht aus, Saumabstand ist daher überflüssig.

### Steppstich

Vorgehen wie bei Reihstich. Wenn eine Reihe (oder Form) fertiggenäht ist, die Naht in den Zwischenräumen zurücknähen.

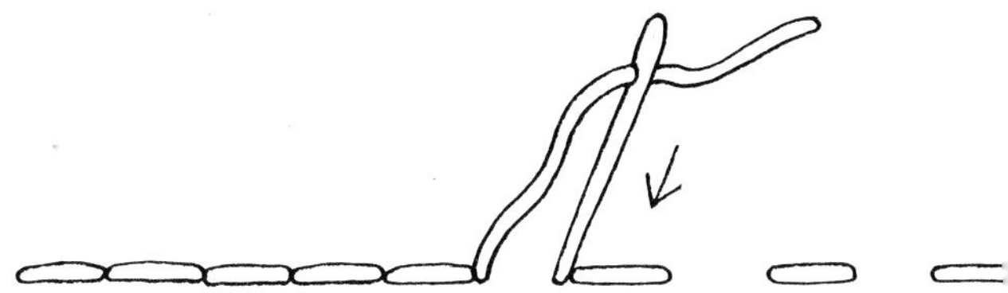

### Gegenstich

Man näht über eine oder zwei Kanten, entweder als Verzierung oder zur Verstärkung. Von links nach rechts nähen.

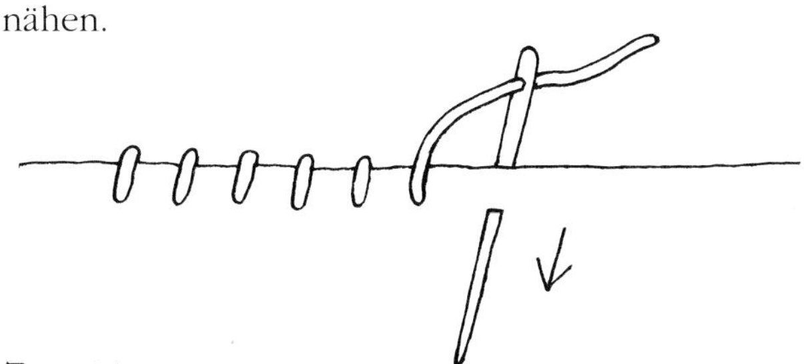

### Zierstiche

Die Zierstiche, die in den Projekten benutzt werden sind durchweg einfach umzusetzen. Unten einige Tips wie man mit ihnen attraktive Extras machen kann. Einige Stiche übereinander bilden einen Punkt oder ein Auge. Für eine Linie oder einen Mund verwenden Sie den Steppstich mit doppeltem Garn. Kurze Linien, wie eine Nase oder ein Teddymund, näht man mit einfachen Stichen, die einander berühren.

Ein Stern kann erzeugt werden, indem sich einfache Stiche mittig überkreuzen, oder durch kleinere Stiche, die sich in der Mitte treffen.

*Mund*

*Teddymund*

*Vogelbein und -fuß*

*Stern*

Blumenmitten sind variabel: entweder mit oder ohne einen kleinen Fitztupfen in Kontrastfarbe in der Mitte, der mit Zierstichen befestigt wird.

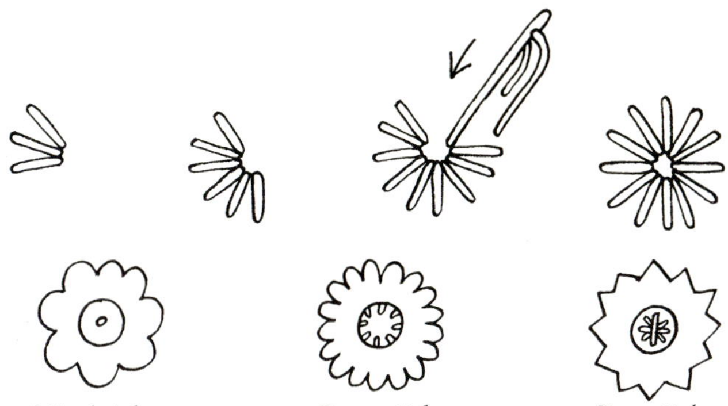

*Mittelstich* *Gegenstich* *Sternstich*

### Aufgestickte Knoten

Der aufgestickte Knoten ist ein attraktiver Stich zum Sticken von Punkten und Augen. Faden von unten durchstechen, Nadel flach auf Filz halten und Faden am Stoff 3-4 mal um die Nadel wickeln. Knoten mit linkem Daumen festhalten und Nadel samt dem Faden durchziehen. Nadel und Faden wieder nach unten durchstecken, um den Knoten zu schließen.

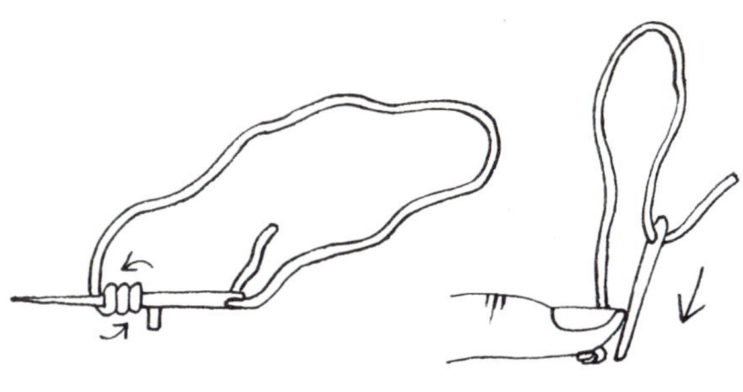

### Abschlussstich

Diese Technik ist nicht vonnöten, wenn Ihr Objekt eine Unterseite hat, die später verdeckt wird. Sie ist nur wichtig, wenn der Abschluß auf dem fertigen Teil sichtbar bleibt. Besonders für Kleidung oder Geschenke, wo ein "professioneller" Abschluß die Qualität der Arbeit erhöht. Sind Sie mit dem Nähen fertig und wollen den Faden abschneiden, ist die nachfolgende Technik eine ordentliche, einfache Art, dies ohne einen Knoten zu tun.

Ziehen Sie den Faden mit der Nadel unter einer Applikation oder unter dem Filzhintergrund durch und nach außen zur Kante. Faden direkt an Kante abschneiden - ein Knoten ist unnötig.

*Applikation*

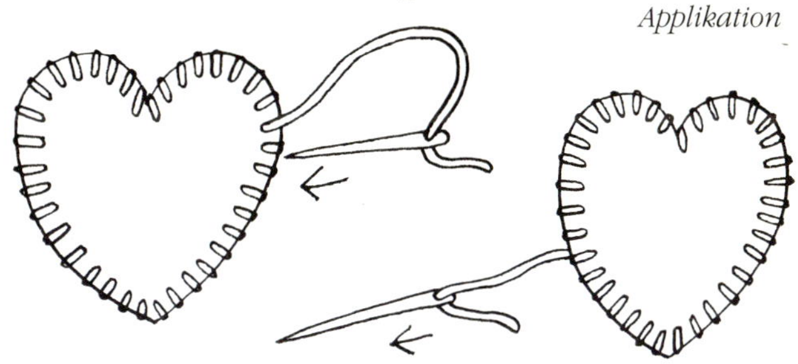

*Stickerei auf Filzhintergrund*

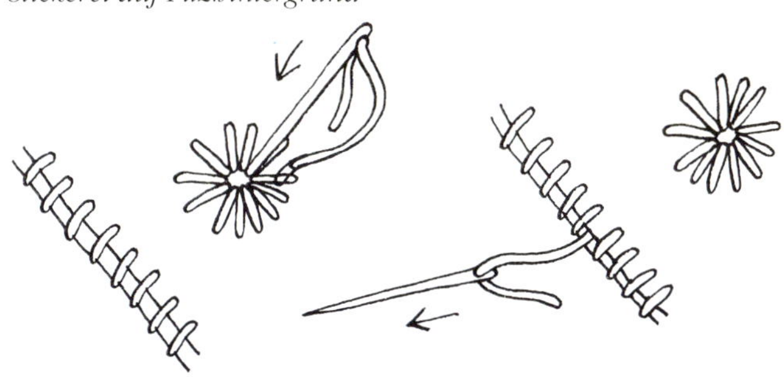

## TECHNIKEN

### Der Gebrauch der Schablonen

Schablonenform auf Durchschlagpapier übertragen. Außer den Schablonen für die Weste (S. 18-19) und die Weihnachtsstrümpfe (S. 60-61) sind alle Schablonen in diesem Buch in der richtigen Größe abgebildet. Die beiden kleineren Schablonen müssen auf einem Fotokopierer auf 200 Prozent vergrößert werden (sind also im Buch in der halben Originalgröße abgebildet). Eine kleine Weste könnte man für die Puppe (S. 45-47) machen.

Etwa nach der Form ausschneiden und auf Filz feststecken; um Abfall zu vermeiden, immer an der Kante des Filzbogens anlegen. Sorgfältig außen entlang dem Umriß durch Papier und Filz schneiden. Nadeln entfernen. Sollten Sie mehrere Stücke dieser Schablone benötigen, benutzen Sie ab jetzt das fertige Filzteil als Vorlage.

Wo in der Schablone die Anweisung "auf Falz legen" auftaucht, diese Kante auf den Falz eines Filzstückes legen, das entsprechend doppeltgeklappt wurde.

Im Falle einer sich mehrfach wiederholenden Randform (vgl. Teddybären-Fries, S. 32-33) oder einer großen Zahl gleicher Formen kann man eine Pappschablone herstellen und deren Form mit weichem Stift auf den Filz übertragen.

Benutzen Sie einen langen, spitzen Gegenstand, um damit die Wattierung portionsweise in die Ecken der

Objekte zu stopfen. Solange wiederholen, bis sich das Objekt fest, jedoch noch weich anfühlt.

### Kleben

Verwenden Sie einen Textilkleber, und tragen Sie diesen großzügig und gleichmäßig mit der Streichtülle stets einseitig auf.
Bis an die Kanten einstreichen, ohne Kleber auf die Vorderseite gelangen zu lassen. Sofort aufkleben und fest anpressen, dabei Oberfläche glattstreichen. Trocknen lassen.

### Nachbehandlung

Es ist nicht ratsam, Filz zu waschen, da er rauh werden könnte. Man kann ihn jedoch mit einem Schwamm oder chemisch reinigen (bitte nachfragen). Filz läßt sich gut bügeln. Um Staubflocken oder Haare zu entfernen, benutzen Sie doppelseitiges Klebeband (tupfen!).

### Bilder einrahmen

Filzbilder rahmt man am besten ohne Glas, nur auf Pappe oder Sperrholz aufgezogen. Pappe zurechtschneiden, so daß genug Filz zum Umbörteln vorhanden ist. Dann unter leichtem Zug mit Klebeband auf Rückseite befestigen, zuerst oben und unten, dann an den Seiten. In Rahmen einsetzen und mit Rückwand versehen.

### Applikationen

Da man Filzränder nicht säumen muß, damit sie ordentlich aussehen, eignet er sich besonders für Applikationen. Zunächst das Teil auf Hintergrund stecken, dann ringsherum mit Zierstichen aus Garn oder Wolle aufnähen. Man kann die Applikationen auch aufkleben. Ebenso können die Formen wattiert oder nur teilweise angenäht werden, wodurch ein dreidimensionaler Effekt erzielt wird.

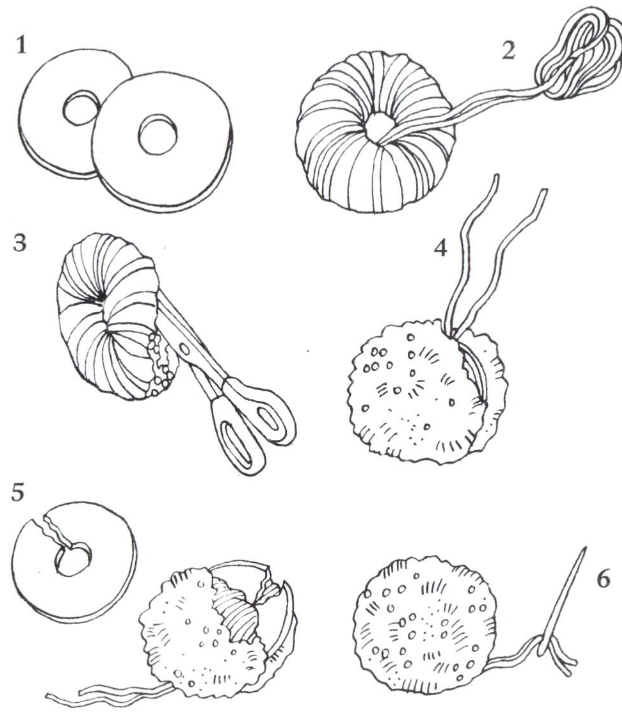


### Bommeln

Diese können aus Wolle in einer oder mehreren Far-ben gemacht werden.

1 Zwei Ringe aus dünnem Karton ausschneiden.
2 Die beiden Ringe aufeinanderlegen und von inner nach außen mit Wolle umwickeln, bis das Loch ir der Mitte geschlossen ist; falls mehrfarbiger Effek gewünscht, gelegentlich Farbe wechseln.
3 In der Mitte fest zusammenhalten und Wolle außer aufschneiden.
4 Wollfaden auf etwa 25 cm Länge schneiden unc zwischen den Pappringen fest um die Mitte knoten
5 Pappringe auftrennen und entfernen.
6 Wolle aufbauschen und heraushängende Enden an gleichen. Bommel mit der langen Schnur auf Filz teil nähen.

# Schablonen

Auf den folgenden Seiten finden Sie alle Schablonen, die Sie für die Projekte in diesem Buch benötigen. Die Zahlen auf den Schablonen entsprechen denen, die in den Projektanleitungen angegeben sind.

Um die Schablonen verwenden zu können, braucht man Durchschlagpapier, einen Bleistift, eine scharfe Schere und Stecknadeln. Zeichnen Sie die Schablonen auf dem Durchschlagpapier durch. Bevor die Stücke mit Stecknadeln auf dem Filz befestigt werden, grob ausschneiden. Nun können Sie die genaue Filzform zuschneiden.

Außer den Schablonen für die Weste und den Weihnachtsstrumpf sind alle Schablonen in der richtigen Größe abgebildet. Die Schablonen für die Weste und den Weihnachtsstrumpf müssen auf 200 Prozent vergrößert werden (also doppelt so groß wie die jeweilige Abbildung im Buch). Dies ist ganz leicht auf einem Fotokopierer möglich. Nicht vergessen: die Schablone für die großen Pantoffeln kann vergrößert oder verkleinert werden, um sie der genauen Fußgröße anzupassen.

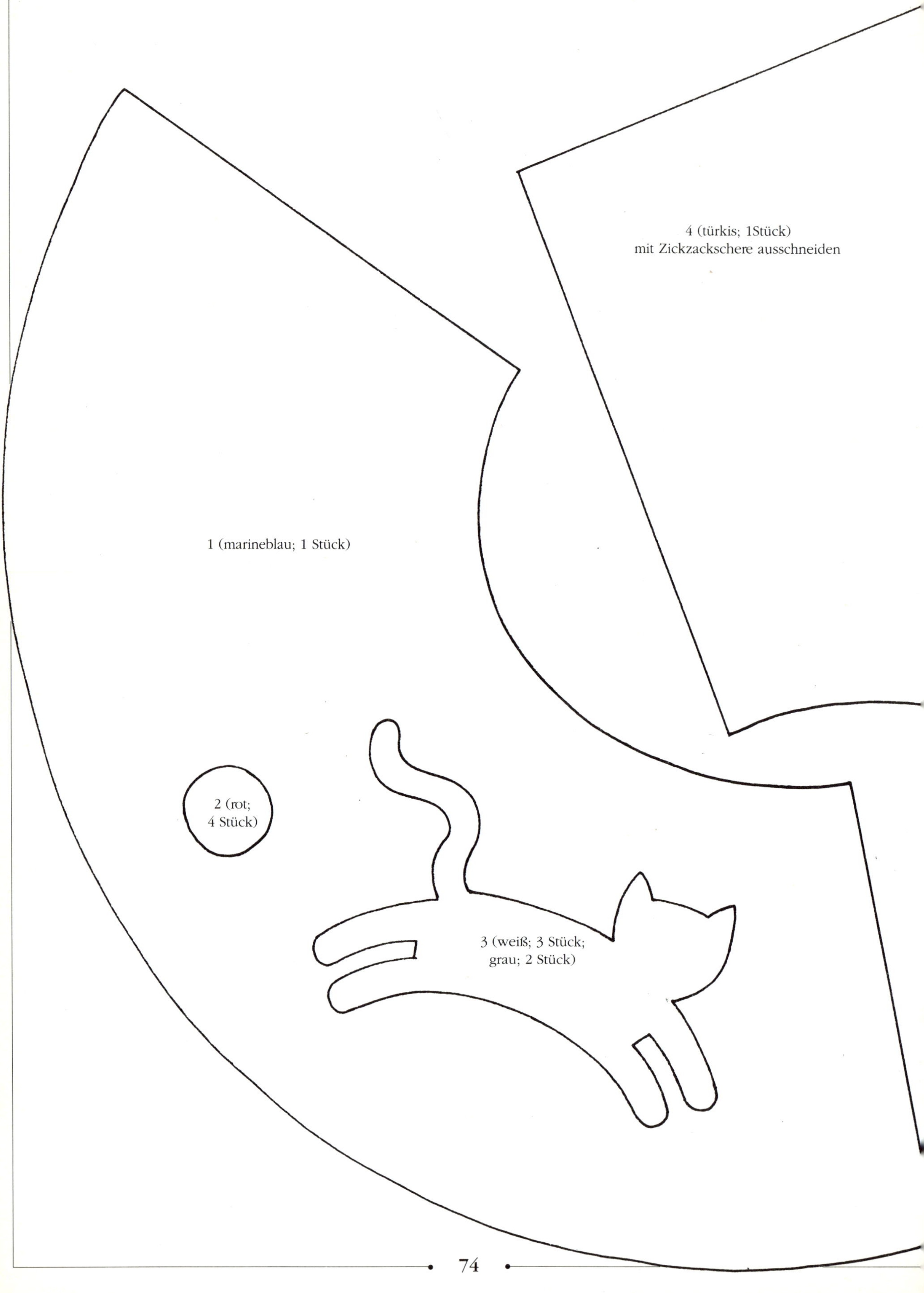
4 (türkis; 1Stück)
mit Zickzackschere ausschneiden
1 (marineblau; 1 Stück)
2 (rot;
4 Stück)
3 (weiß; 3 Stück;
grau; 2 Stück)

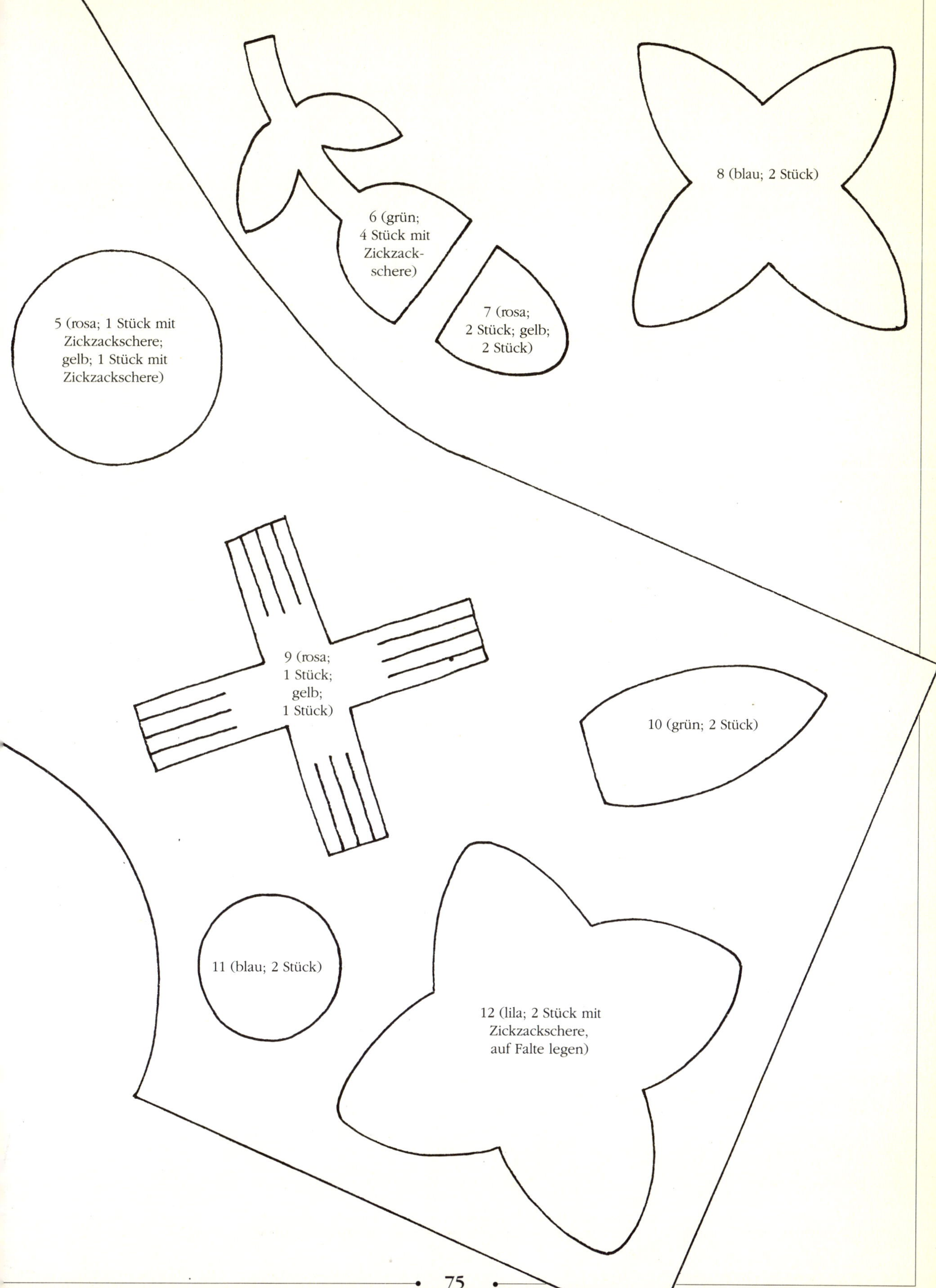
6 (grün; 4 Stück mit Zickzackschere)
8 (blau; 2 Stück)
7 (rosa; 2 Stück; gelb; 2 Stück)
5 (rosa; 1 Stück mit Zickzackschere; gelb; 1 Stück mit Zickzackschere)
9 (rosa; 1 Stück; gelb; 1 Stück)
10 (grün; 2 Stück)
11 (blau; 2 Stück)
12 (lila; 2 Stück mit Zickzackschere, auf Falte legen)

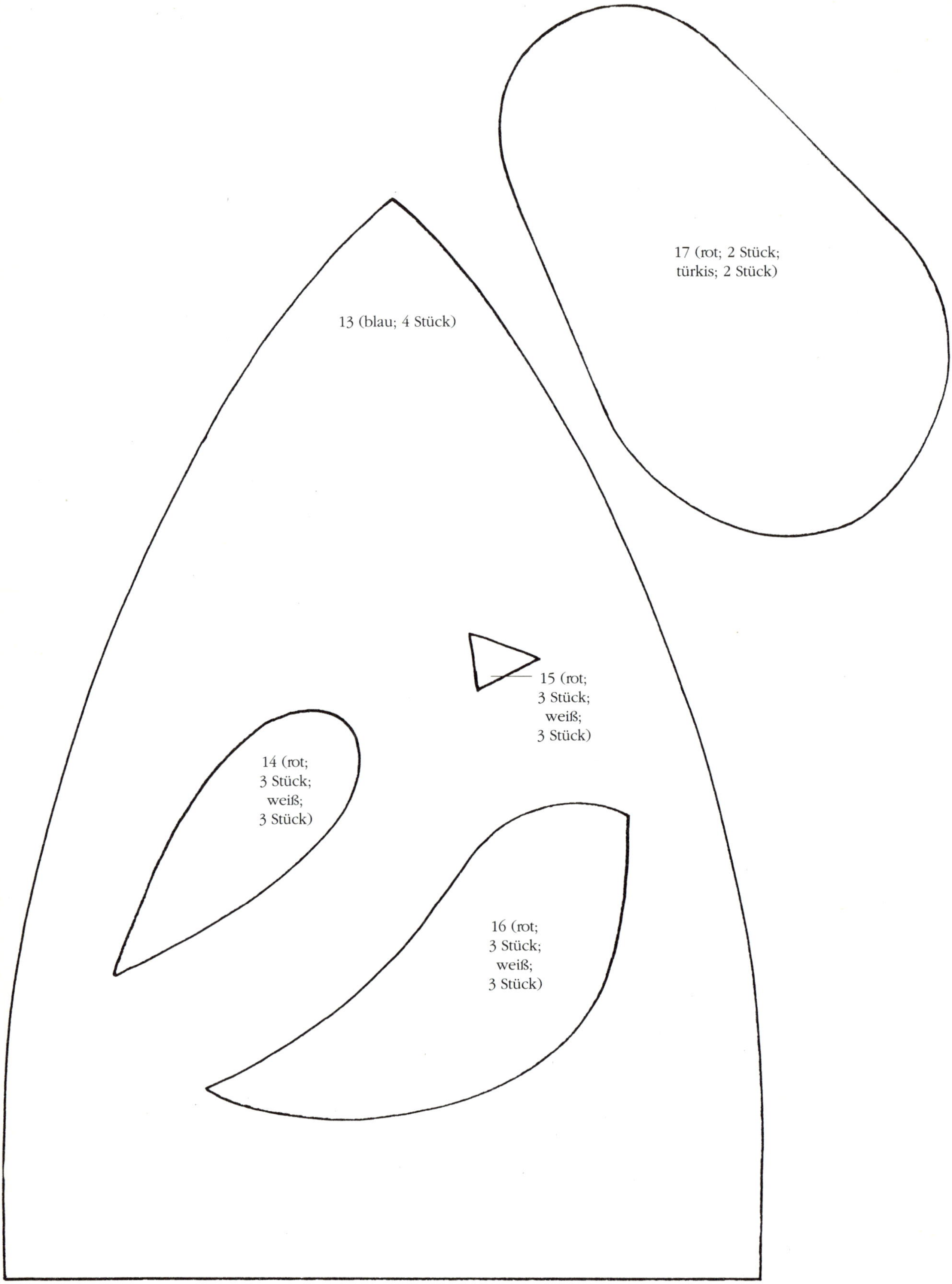
17 (rot; 2 Stück;
türkis; 2 Stück)
13 (blau; 4 Stück)
15 (rot;
3 Stück;
weiß;
3 Stück)
14 (rot;
3 Stück;
weiß;
3 Stück)
16 (rot;
3 Stück;
weiß;
3 Stück)

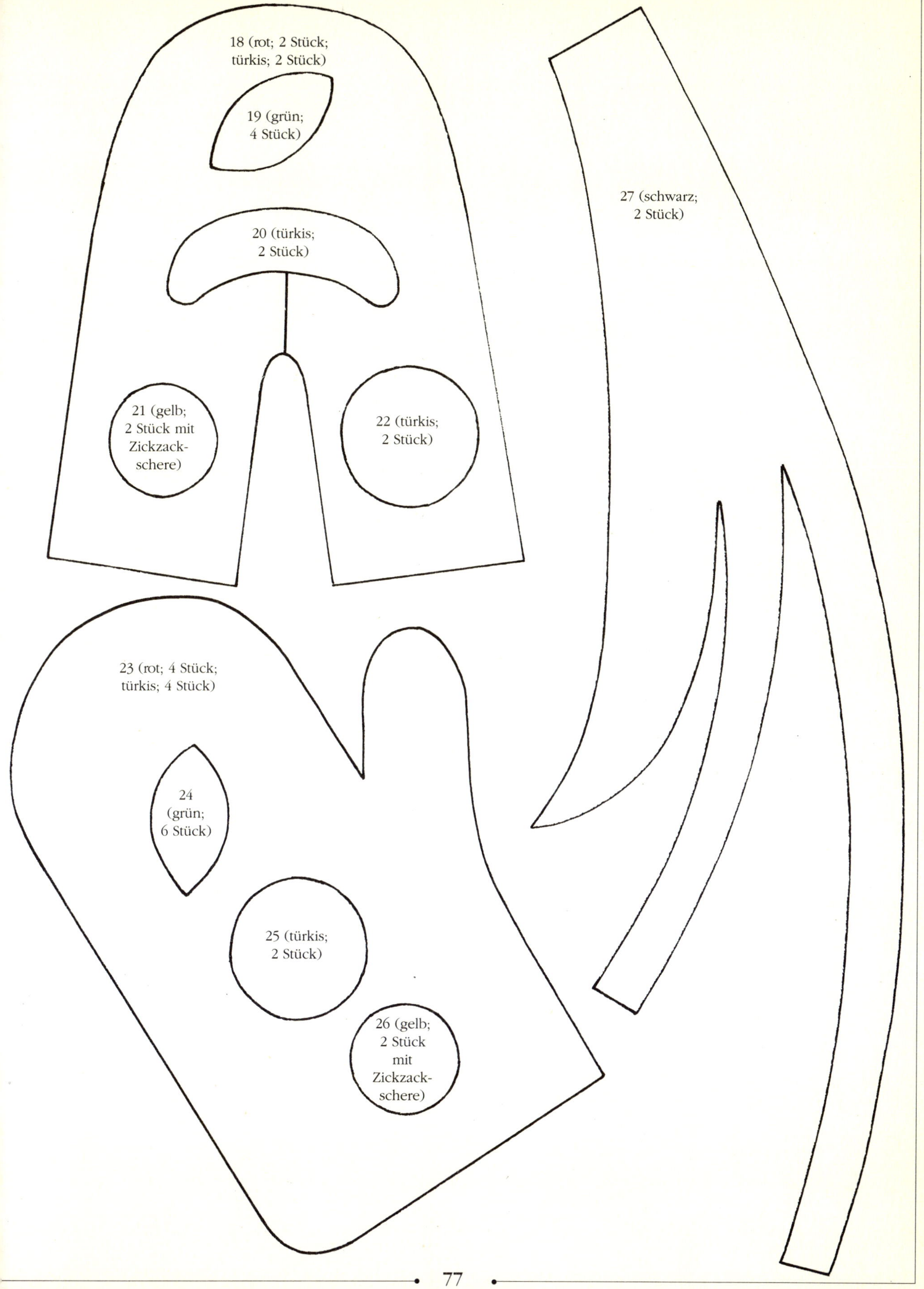
18 (rot; 2 Stück;
türkis; 2 Stück)
19 (grün;
4 Stück)
20 (türkis;
2 Stück)
21 (gelb;
2 Stück mit
Zickzack-
schere)
22 (türkis;
2 Stück)
27 (schwarz;
2 Stück)
23 (rot; 4 Stück;
türkis; 4 Stück)
24
(grün;
6 Stück)
25 (türkis;
2 Stück)
26 (gelb;
2 Stück
mit
Zickzack-
schere)

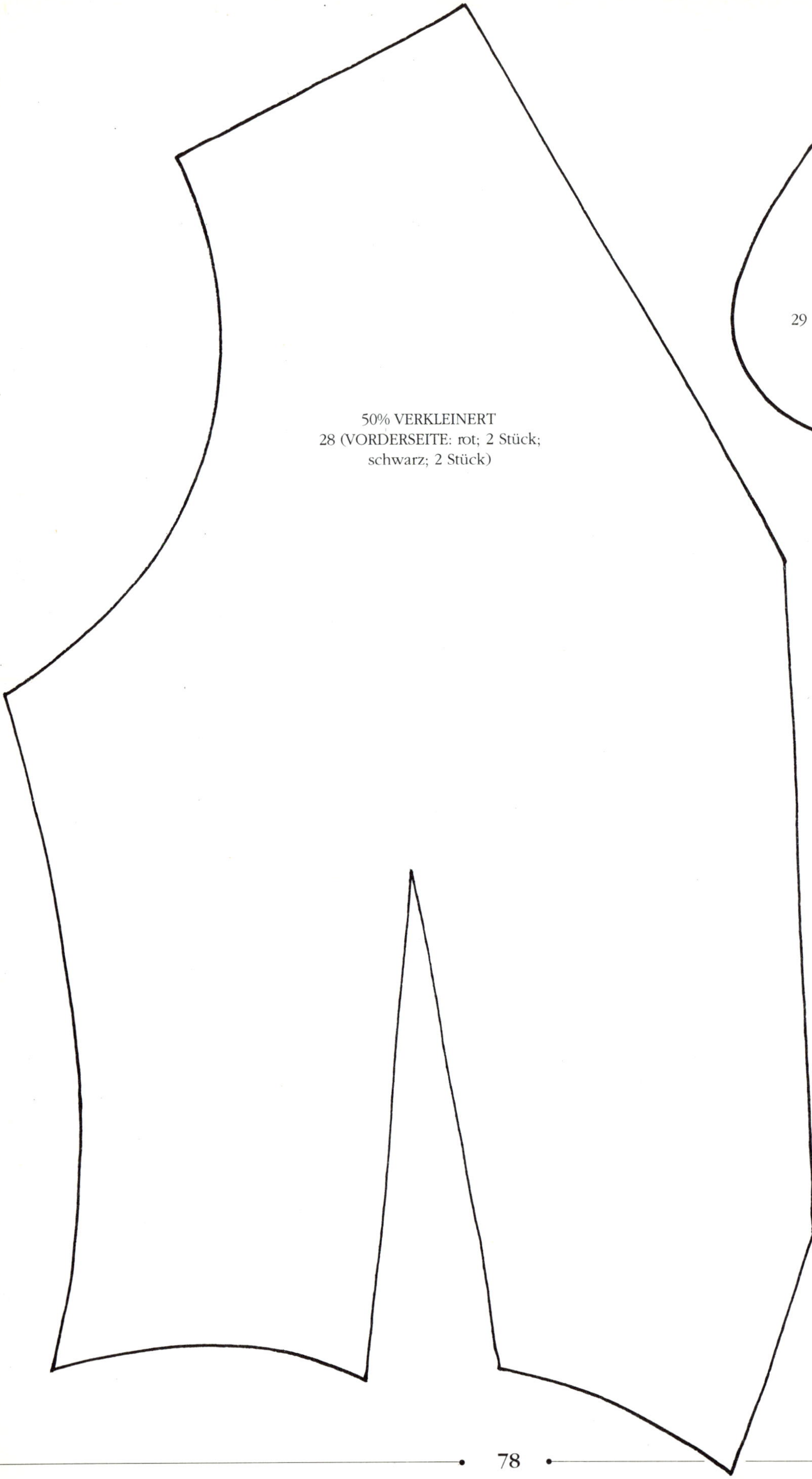
50% VERKLEINERT
28 (VORDERSEITE: rot; 2 Stück;
schwarz; 2 Stück)

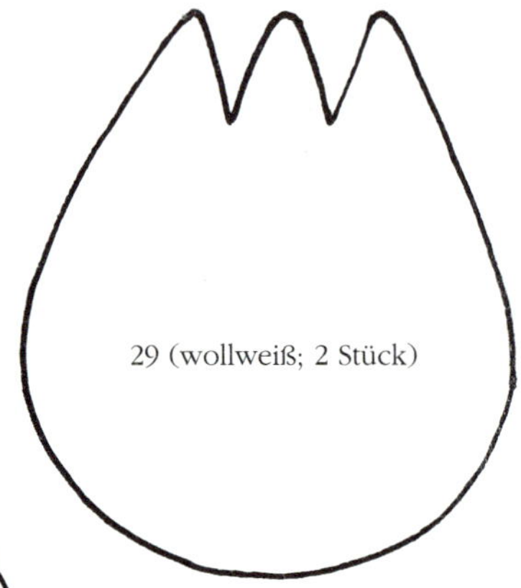
29 (wollweiß; 2 Stück)

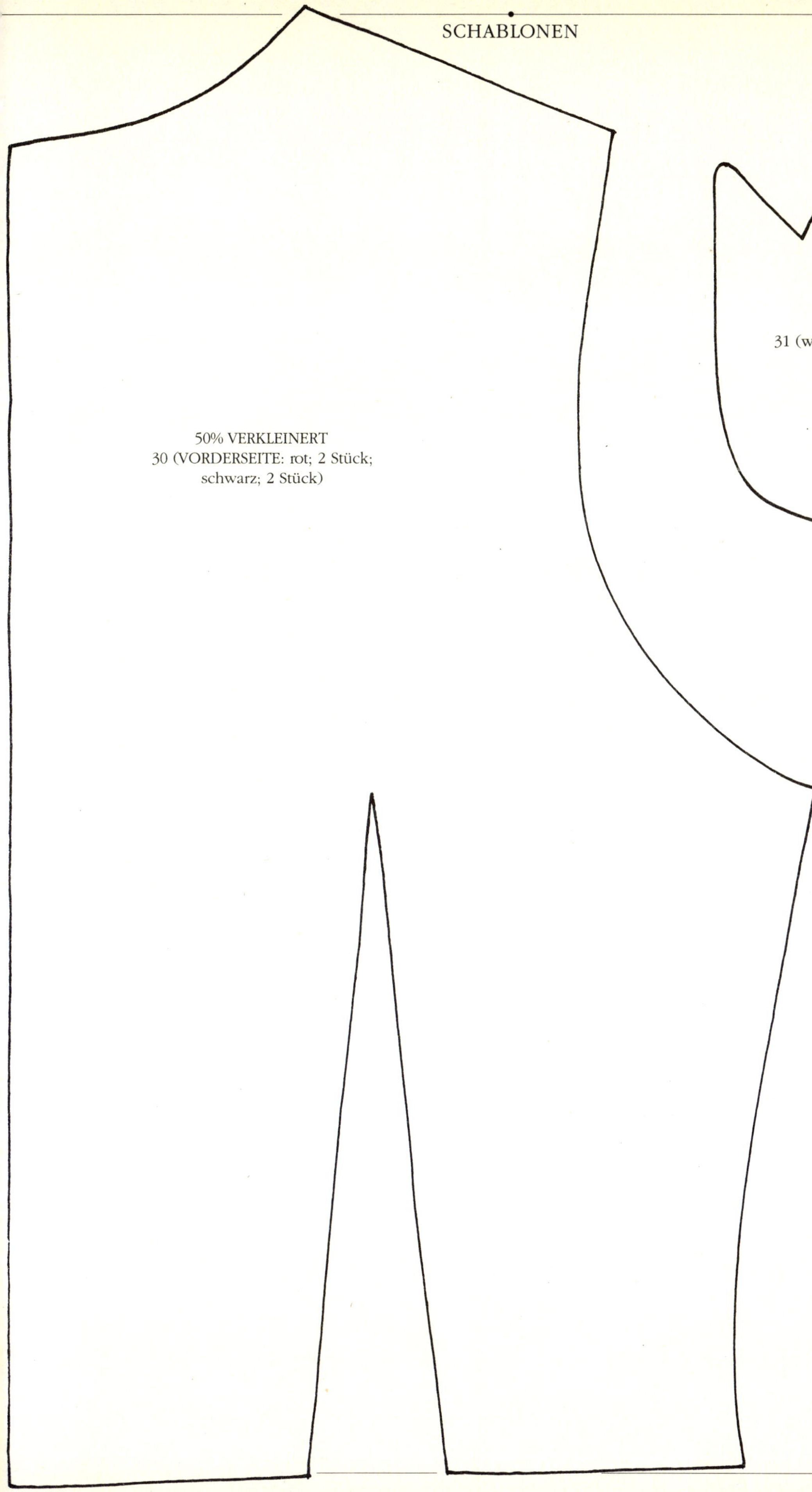

50% VERKLEINERT
30 (VORDERSEITE: rot; 2 Stück;
schwarz; 2 Stück)

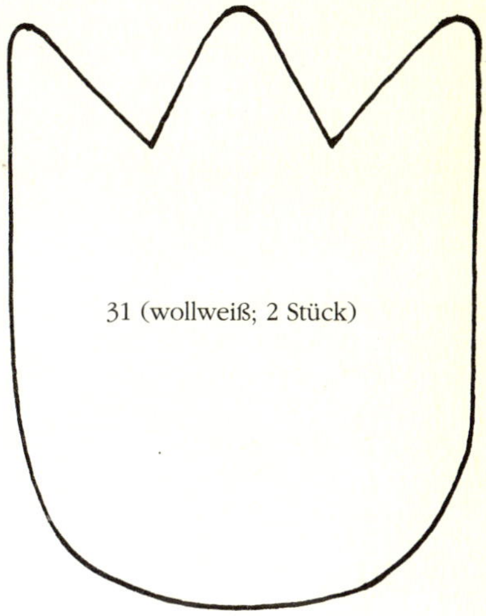

31 (wollweiß; 2 Stück)

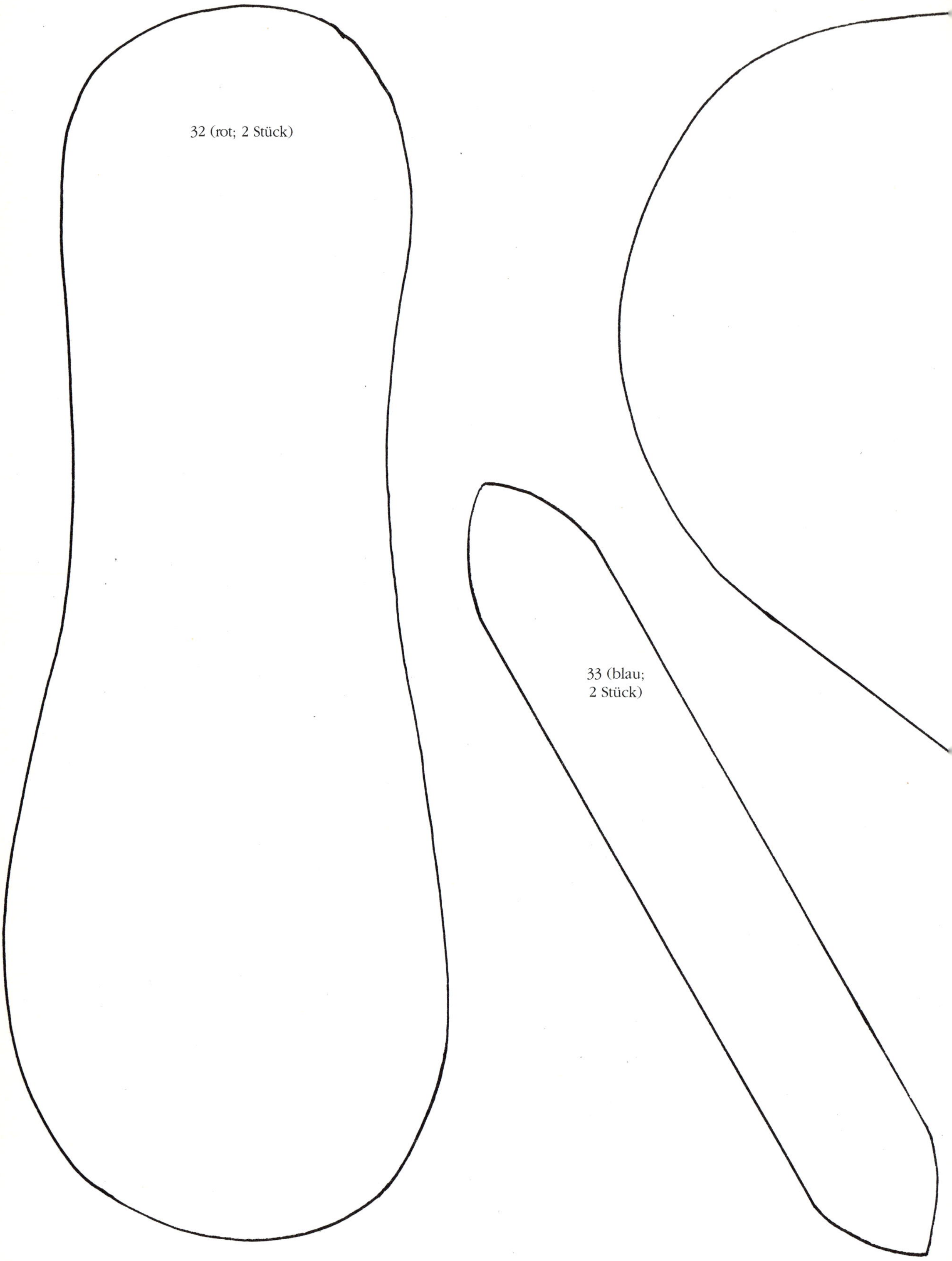
32 (rot; 2 Stück)
33 (blau;
2 Stück)

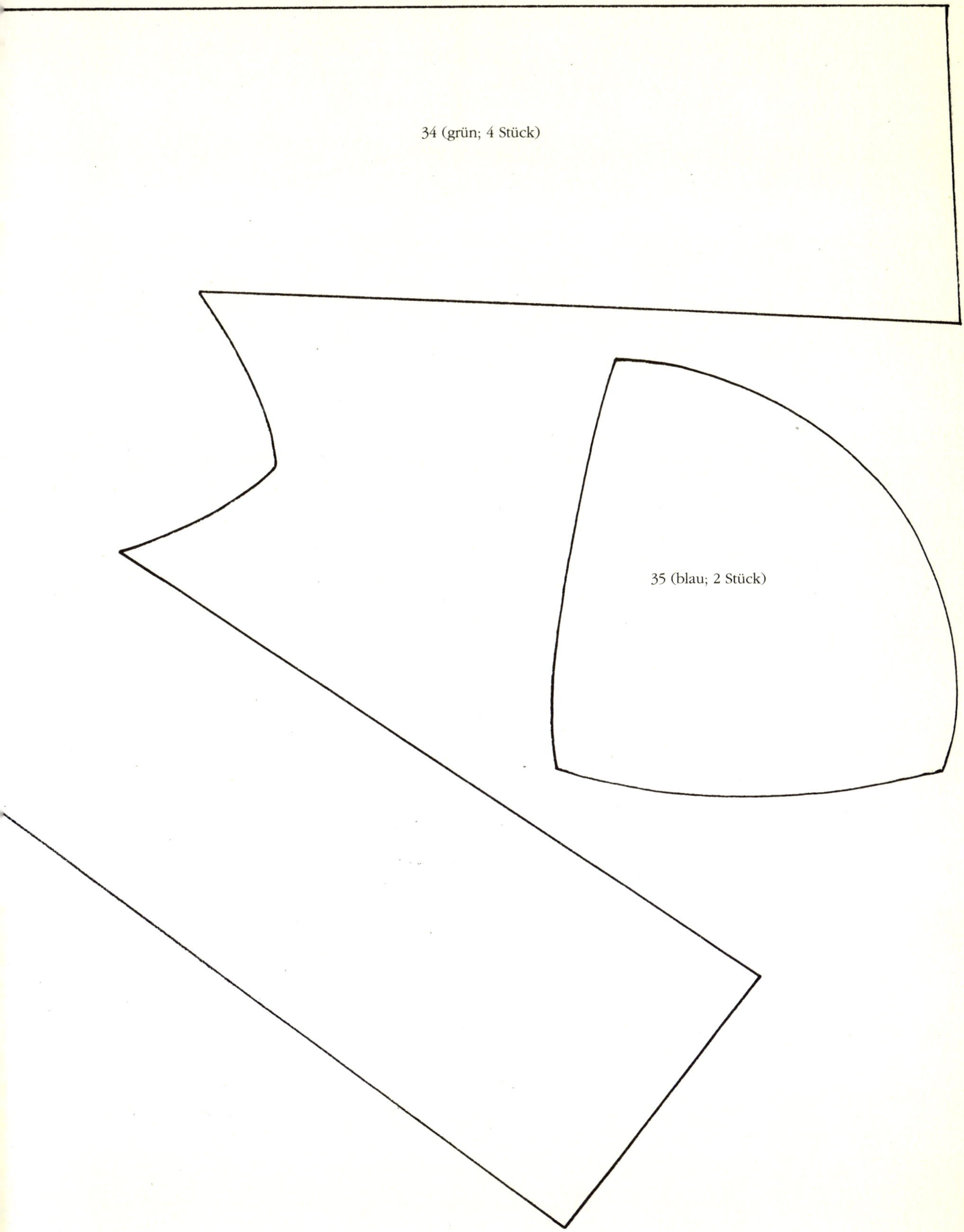
34 (grün; 4 Stück)
35 (blau; 2 Stück)

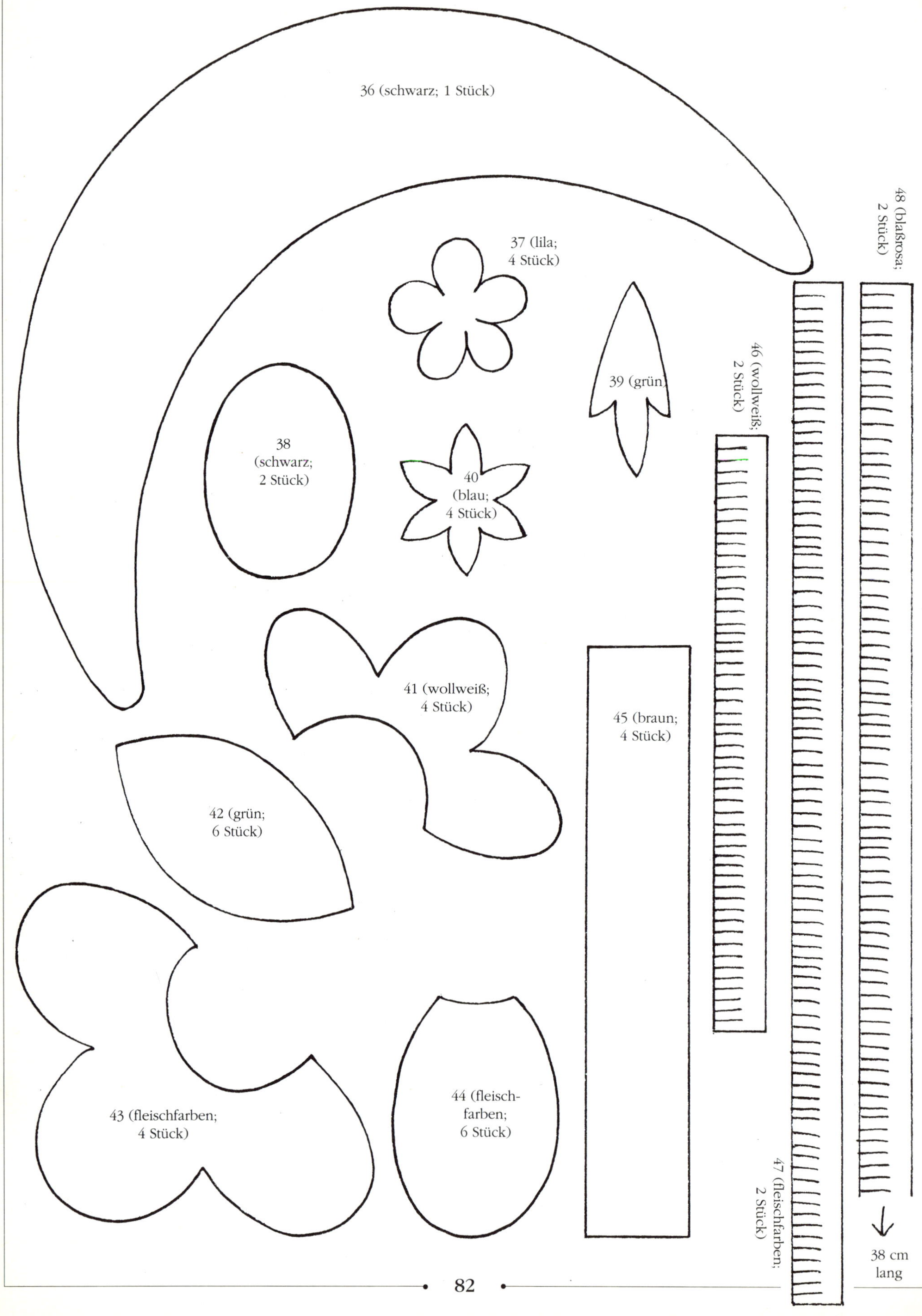
36 (schwarz; 1 Stück)
37 (lila; 4 Stück)
38 (schwarz; 2 Stück)
39 (grün)
40 (blau; 4 Stück)
41 (wollweiß; 4 Stück)
42 (grün; 6 Stück)
43 (fleischfarben; 4 Stück)
44 (fleisch-farben; 6 Stück)
45 (braun; 4 Stück)
46 (wollweiß; 2 Stück)
47 (fleischfarben; 2 Stück)
48 (blaßrosa; 2 Stück)
38 cm lang

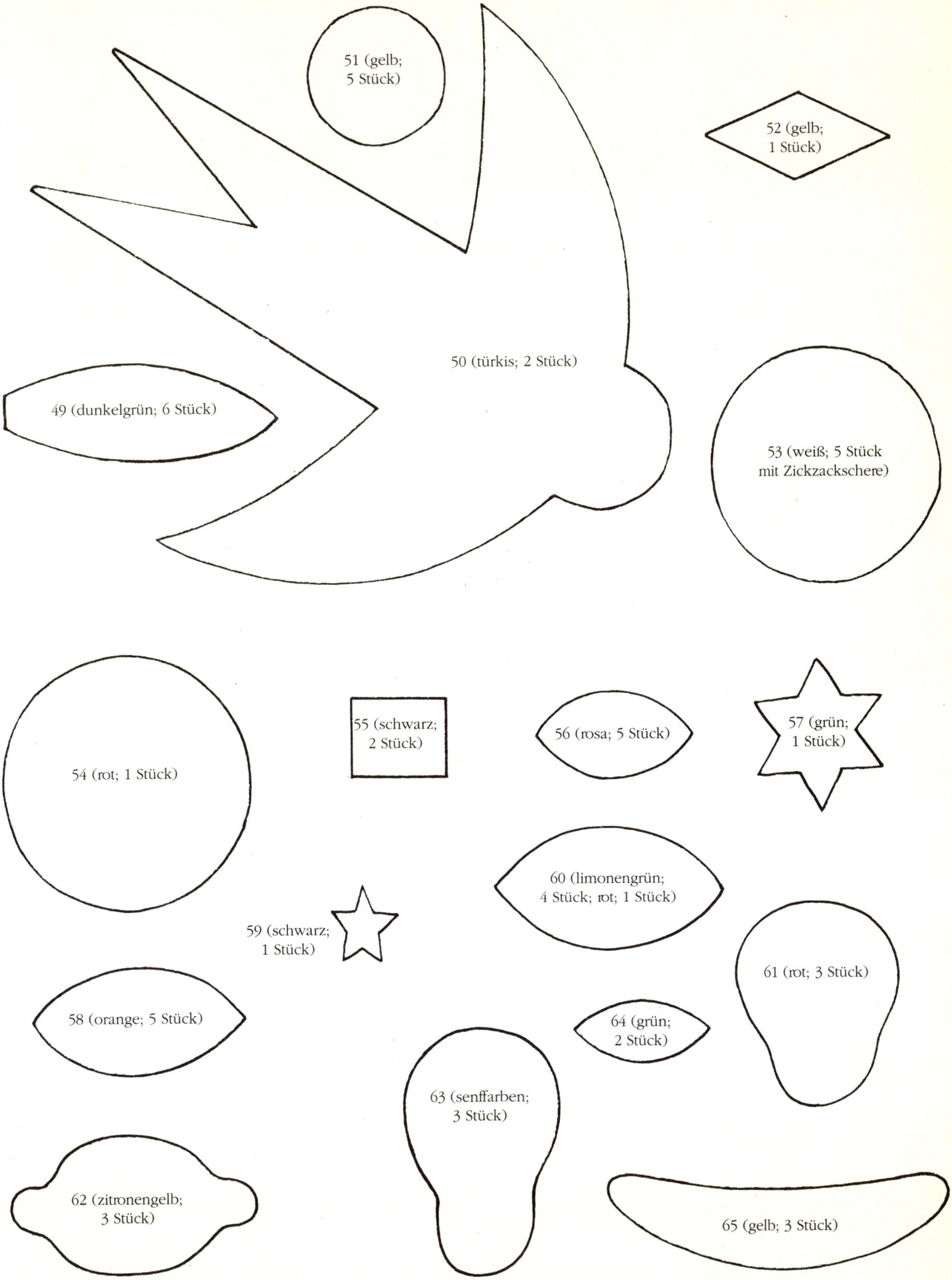
51 (gelb; 5 Stück)
52 (gelb; 1 Stück)
50 (türkis; 2 Stück)
49 (dunkelgrün; 6 Stück)
53 (weiß; 5 Stück mit Zickzackschere)
54 (rot; 1 Stück)
55 (schwarz; 2 Stück)
56 (rosa; 5 Stück)
57 (grün; 1 Stück)
60 (limonengrün; 4 Stück; rot; 1 Stück)
59 (schwarz; 1 Stück)
61 (rot; 3 Stück)
58 (orange; 5 Stück)
64 (grün; 2 Stück)
63 (senffarben; 3 Stück)
62 (zitronengelb; 3 Stück)
65 (gelb; 3 Stück)

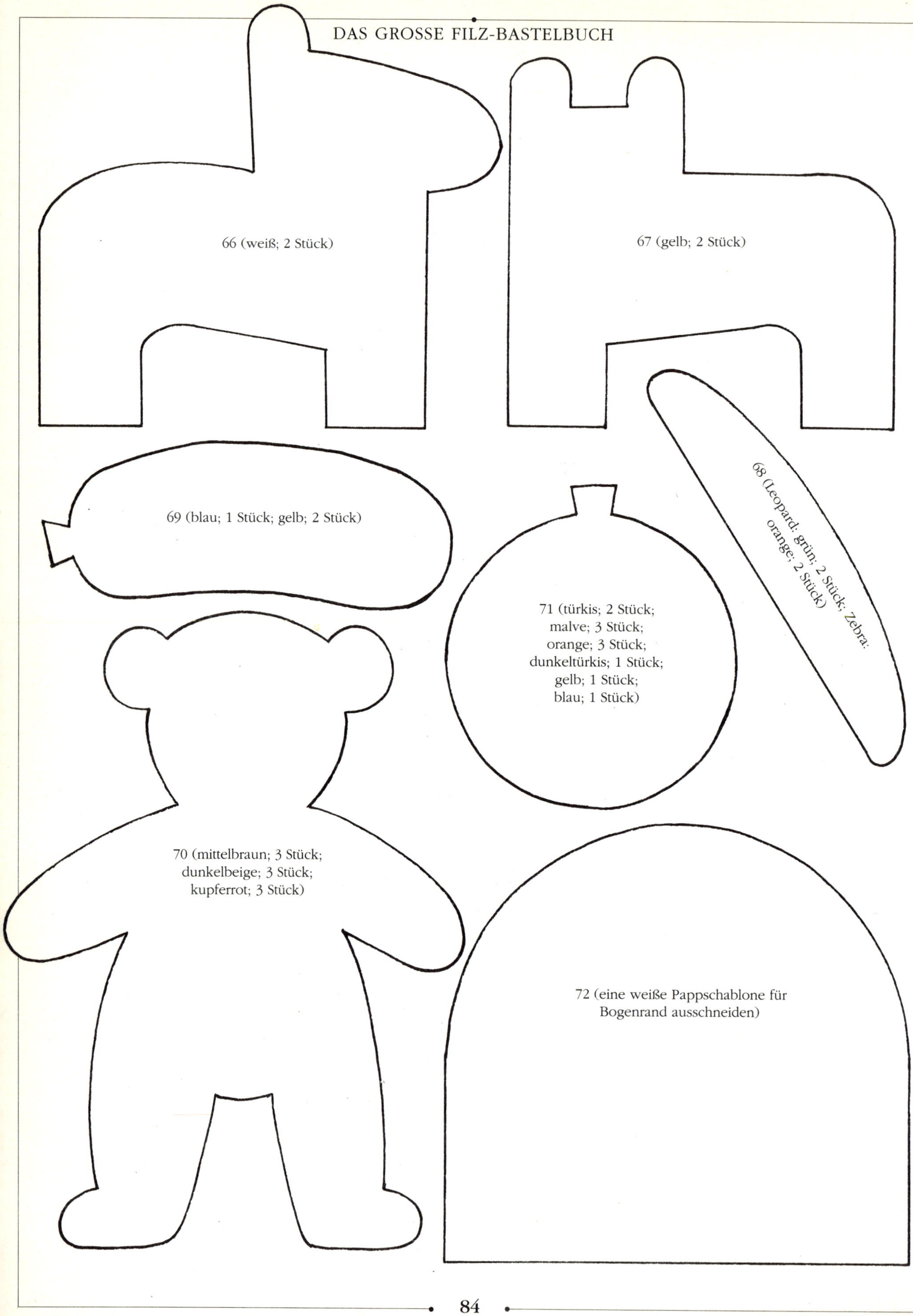
66 (weiß; 2 Stück)
67 (gelb; 2 Stück)
68 (Leopard: grün; 2 Stück; Zebra: orange; 2 Stück)
69 (blau; 1 Stück; gelb; 2 Stück)
71 (türkis; 2 Stück; malve; 3 Stück; orange; 3 Stück; dunkeltürkis; 1 Stück; gelb; 1 Stück; blau; 1 Stück)
70 (mittelbraun; 3 Stück; dunkelbeige; 3 Stück; kupferrot; 3 Stück)
72 (eine weiße Pappschablone für Bogenrand ausschneiden)

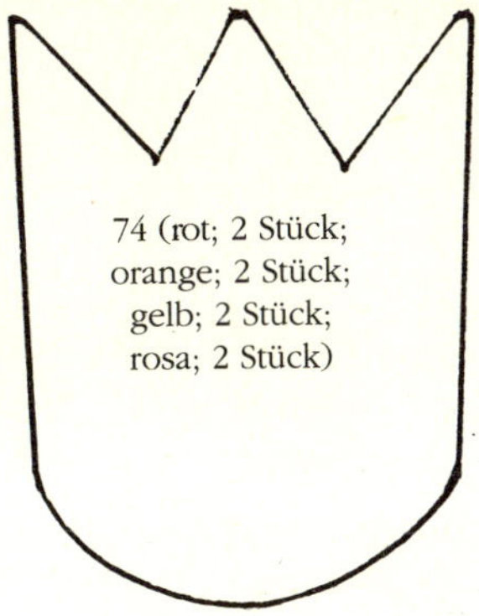
74 (rot; 2 Stück;
orange; 2 Stück;
gelb; 2 Stück;
rosa; 2 Stück)

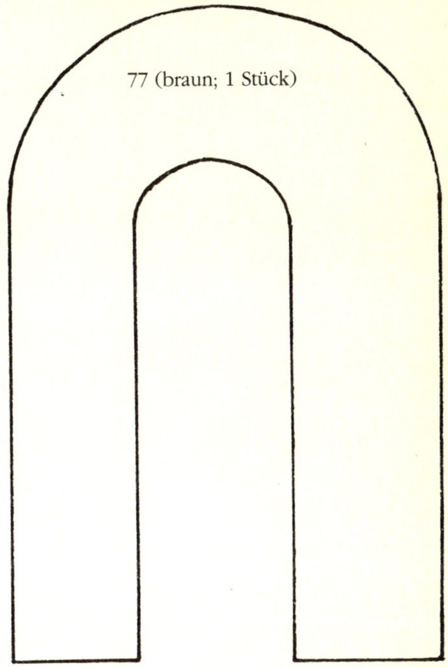
77 (braun; 1 Stück)

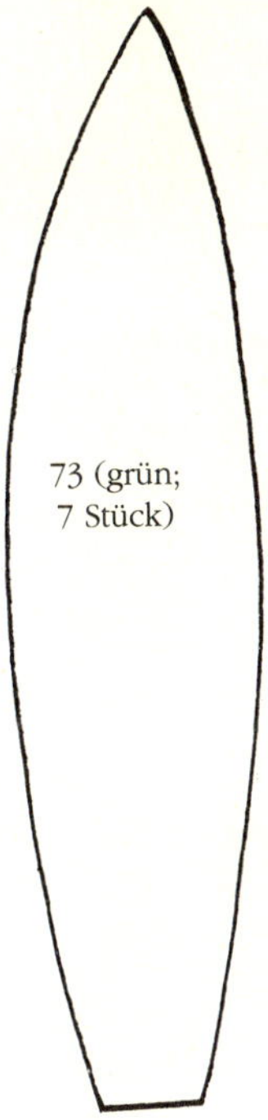
73 (grün;
7 Stück)

76 (grün;
3 Stück)

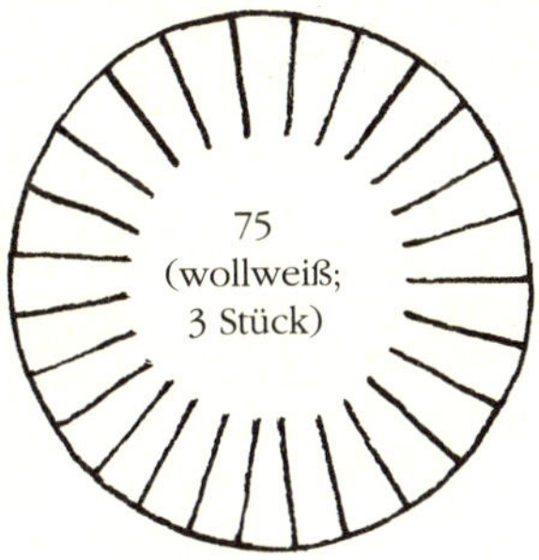
75
(wollweiß;
3 Stück)

78 (braun; 1 Stück)

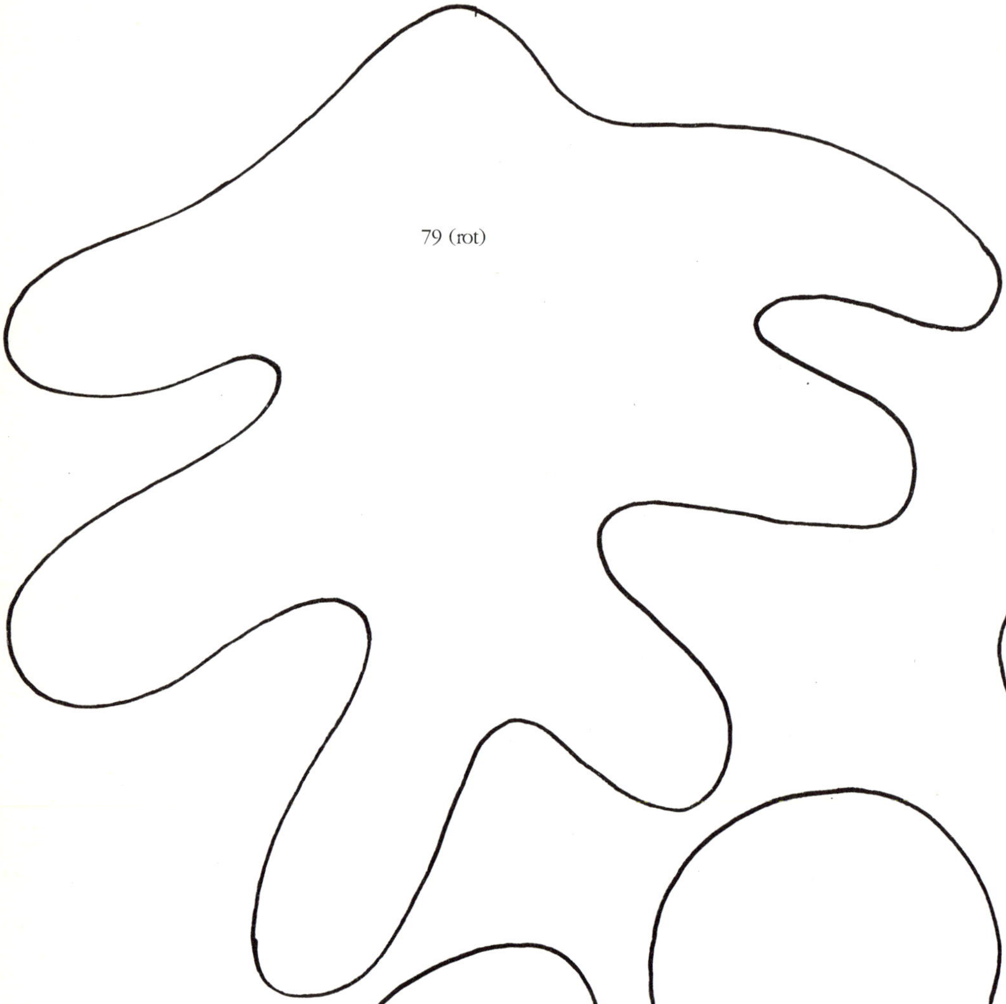
79 (rot)

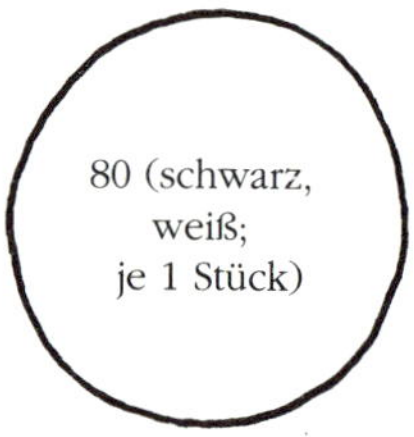
80 (schwarz,
weiß;
je 1 Stück)

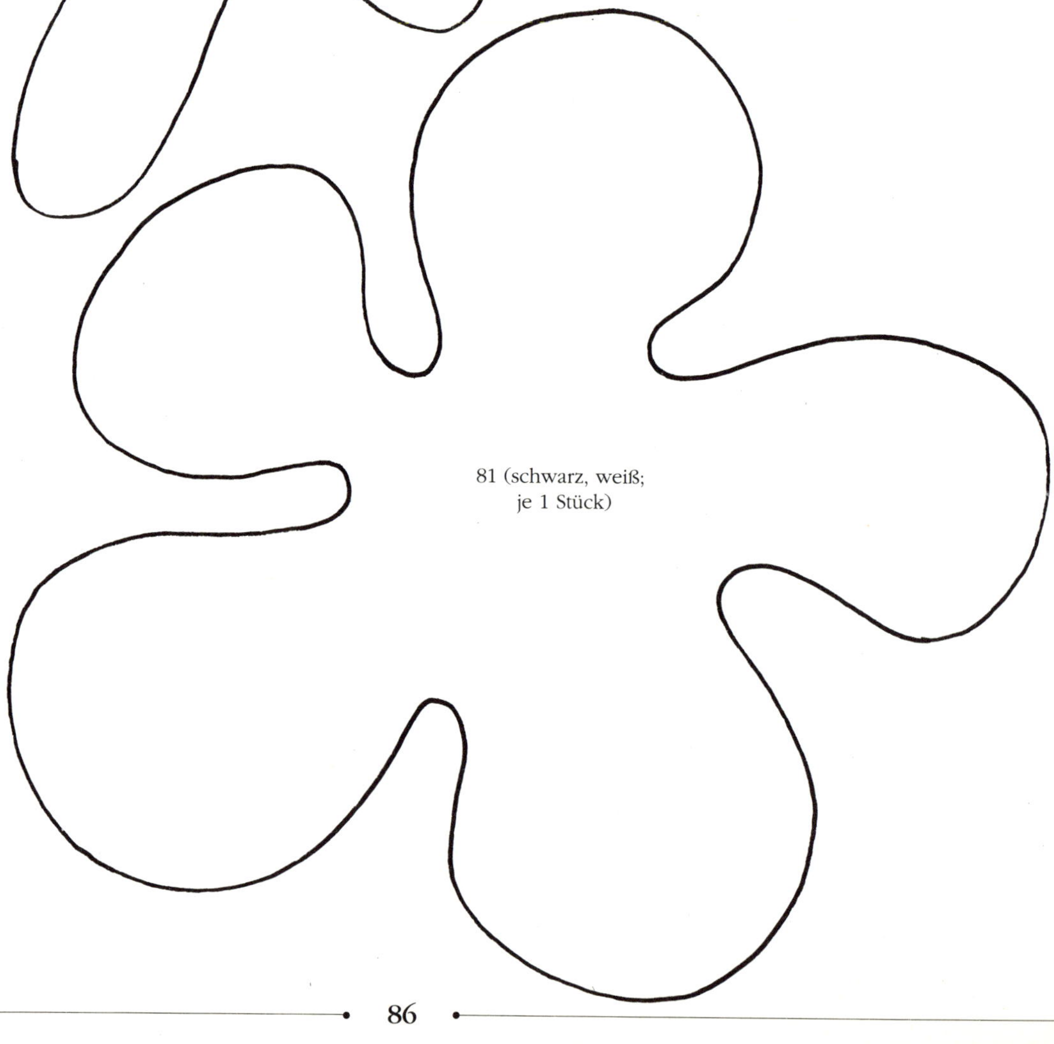
81 (schwarz, weiß;
je 1 Stück)

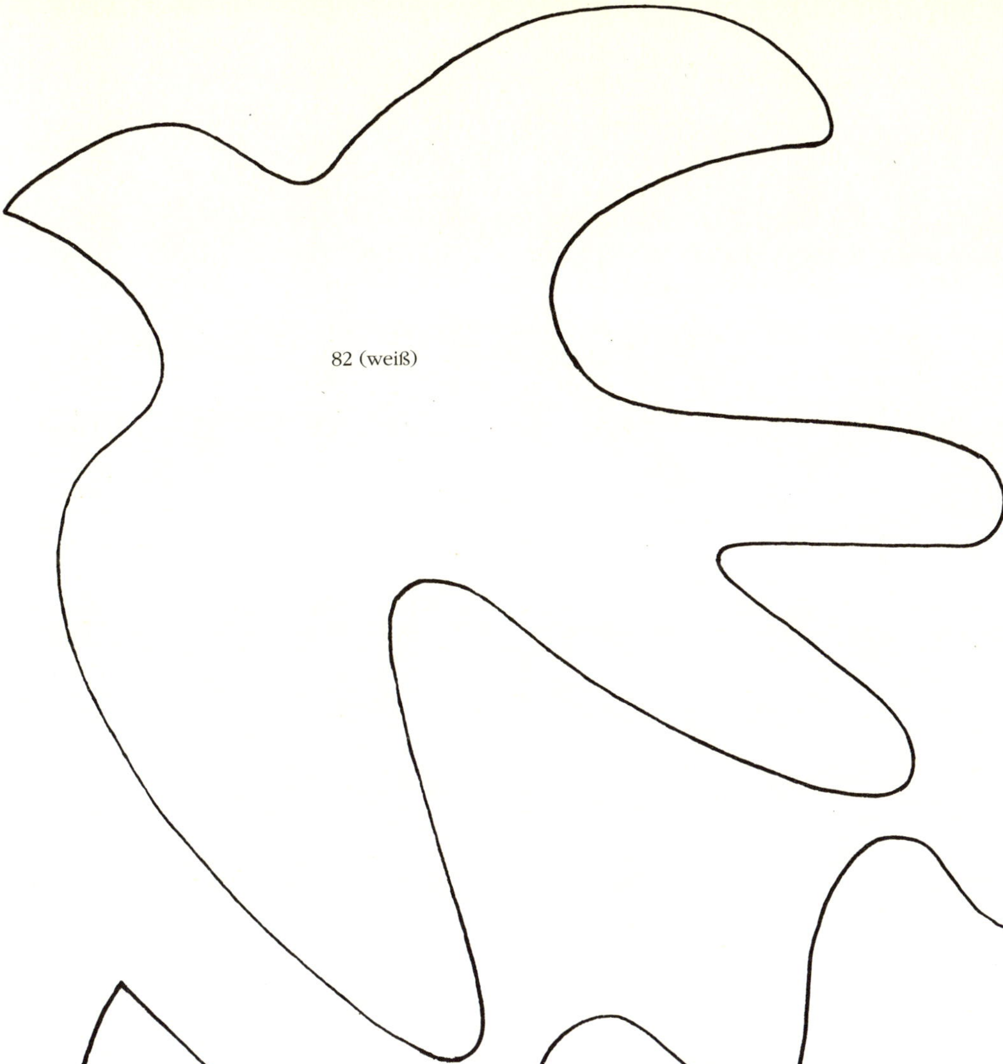

82 (weiß)

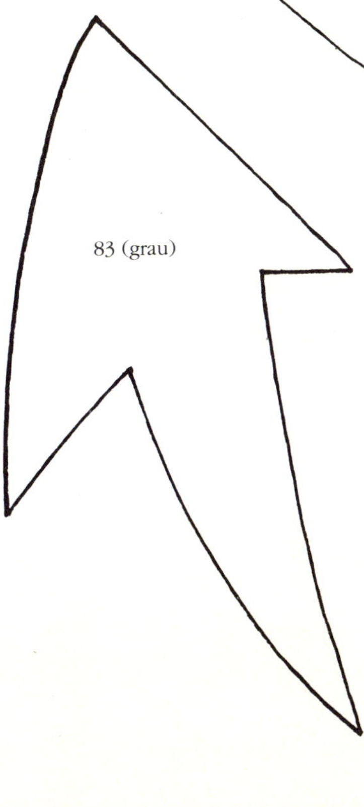

83 (grau)

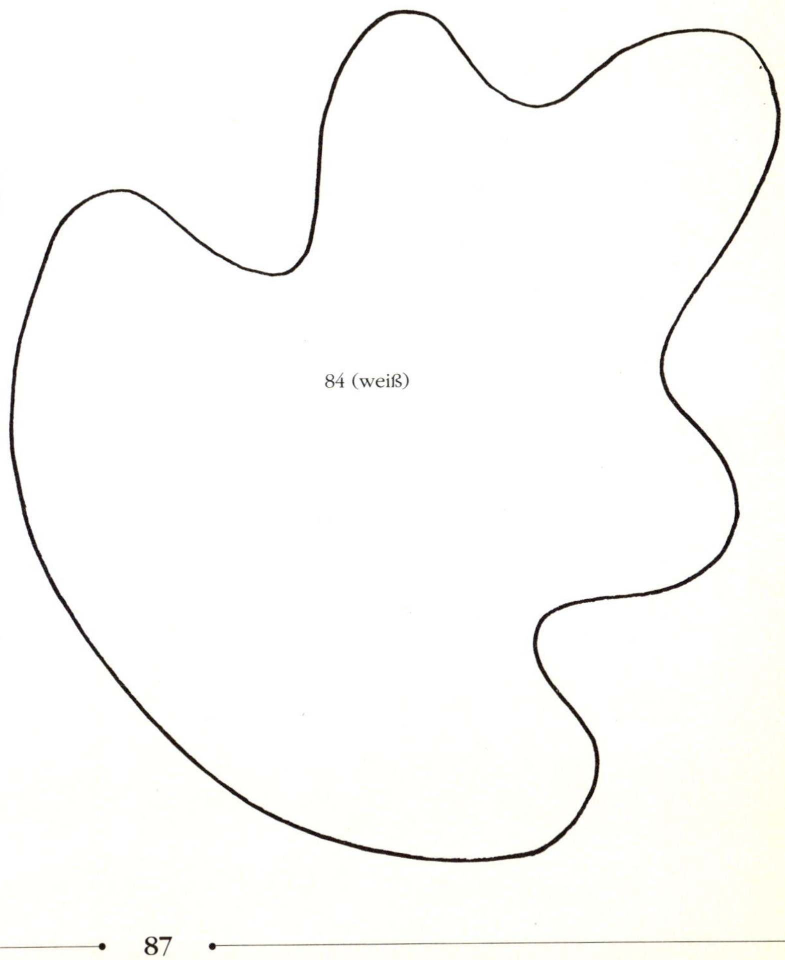

84 (weiß)

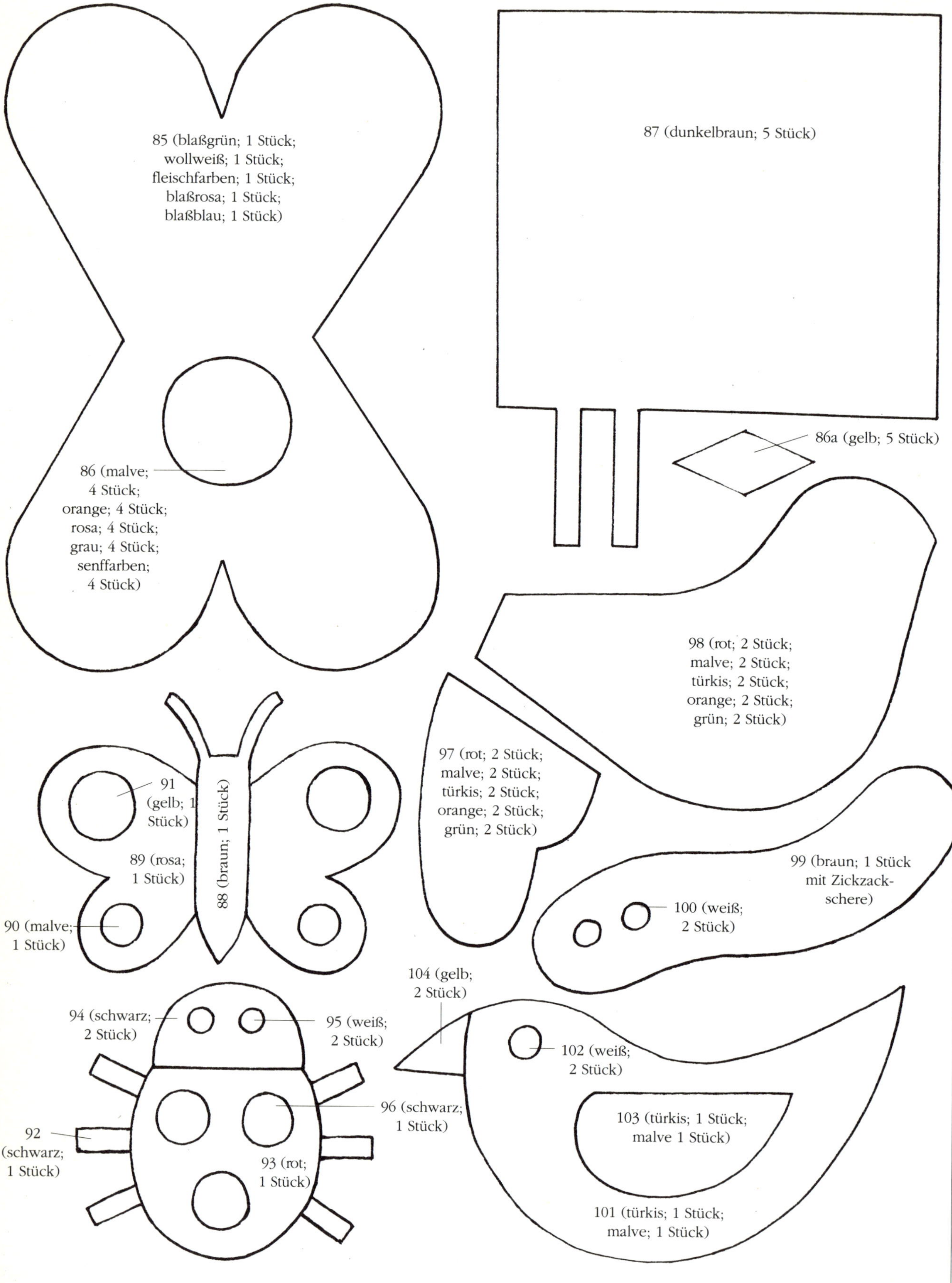
85 (blaßgrün; 1 Stück;
wollweiß; 1 Stück;
fleischfarben; 1 Stück;
blaßrosa; 1 Stück;
blaßblau; 1 Stück)
86 (malve;
4 Stück;
orange; 4 Stück;
rosa; 4 Stück;
grau; 4 Stück;
senffarben;
4 Stück)
87 (dunkelbraun; 5 Stück)
86a (gelb; 5 Stück)
98 (rot; 2 Stück;
malve; 2 Stück;
türkis; 2 Stück;
orange; 2 Stück;
grün; 2 Stück)
91
(gelb; 1
Stück)
88 (braun; 1 Stück)
89 (rosa;
1 Stück)
90 (malve;
1 Stück)
97 (rot; 2 Stück;
malve; 2 Stück;
türkis; 2 Stück;
orange; 2 Stück;
grün; 2 Stück)
99 (braun; 1 Stück
mit Zickzack-
schere)
100 (weiß;
2 Stück)
104 (gelb;
2 Stück)
94 (schwarz;
2 Stück)
95 (weiß;
2 Stück)
102 (weiß;
2 Stück)
96 (schwarz;
1 Stück)
103 (türkis; 1 Stück;
malve 1 Stück)
92
(schwarz;
1 Stück)
93 (rot;
1 Stück)
101 (türkis; 1 Stück;
malve; 1 Stück)

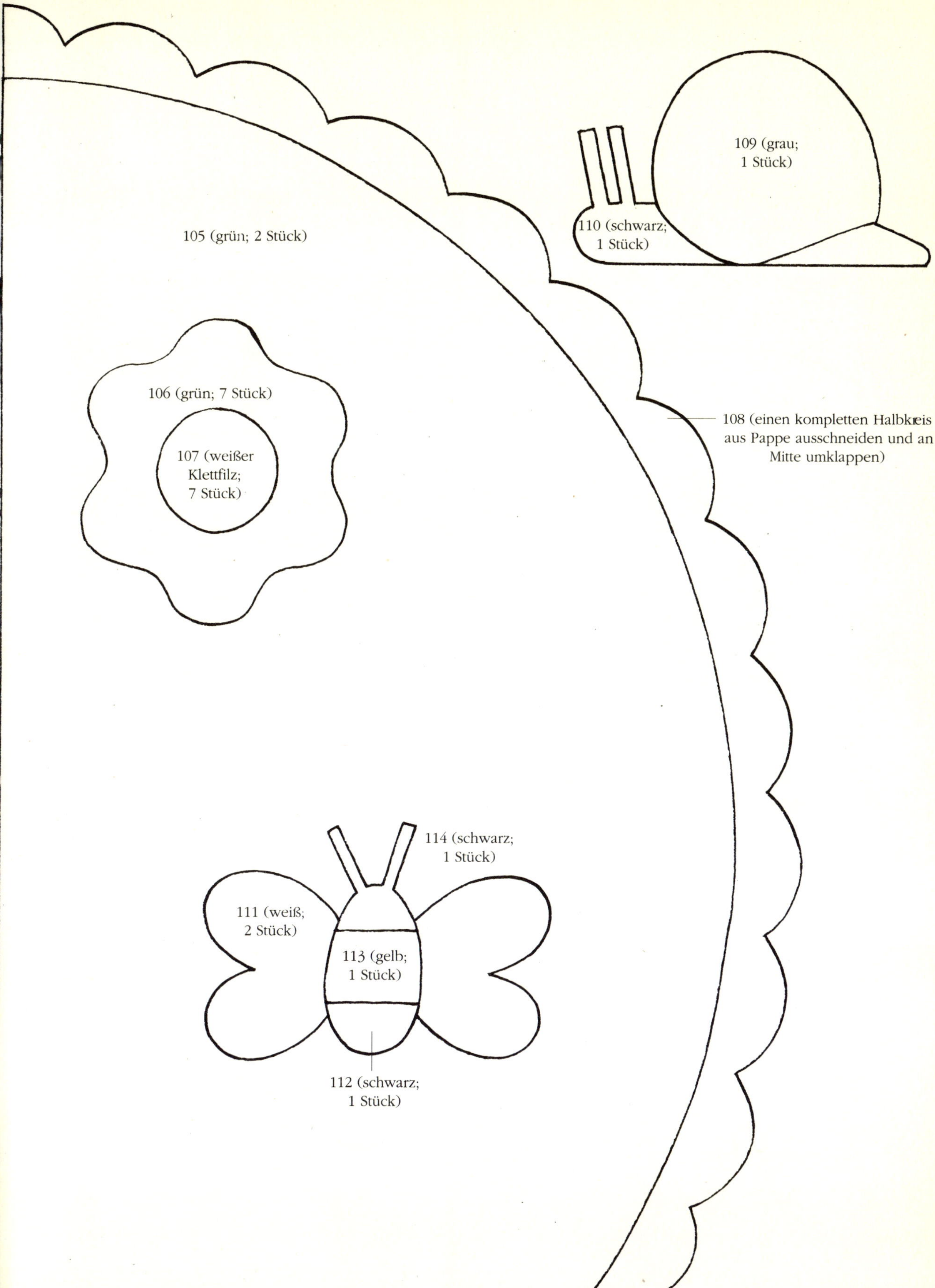
109 (grau;
1 Stück)
110 (schwarz;
1 Stück)
105 (grün; 2 Stück)
106 (grün; 7 Stück)
107 (weißer
Klettfilz;
7 Stück)
108 (einen kompletten Halbkreis
aus Pappe ausschneiden und an
Mitte umklappen)
114 (schwarz;
1 Stück)
111 (weiß;
2 Stück)
113 (gelb;
1 Stück)
112 (schwarz;
1 Stück)

115 (gelb; 2 Stück)
116 (rot; 2 Stück)
117 (gelb; 12 Stück)
118 (gelb; 4 Stück)

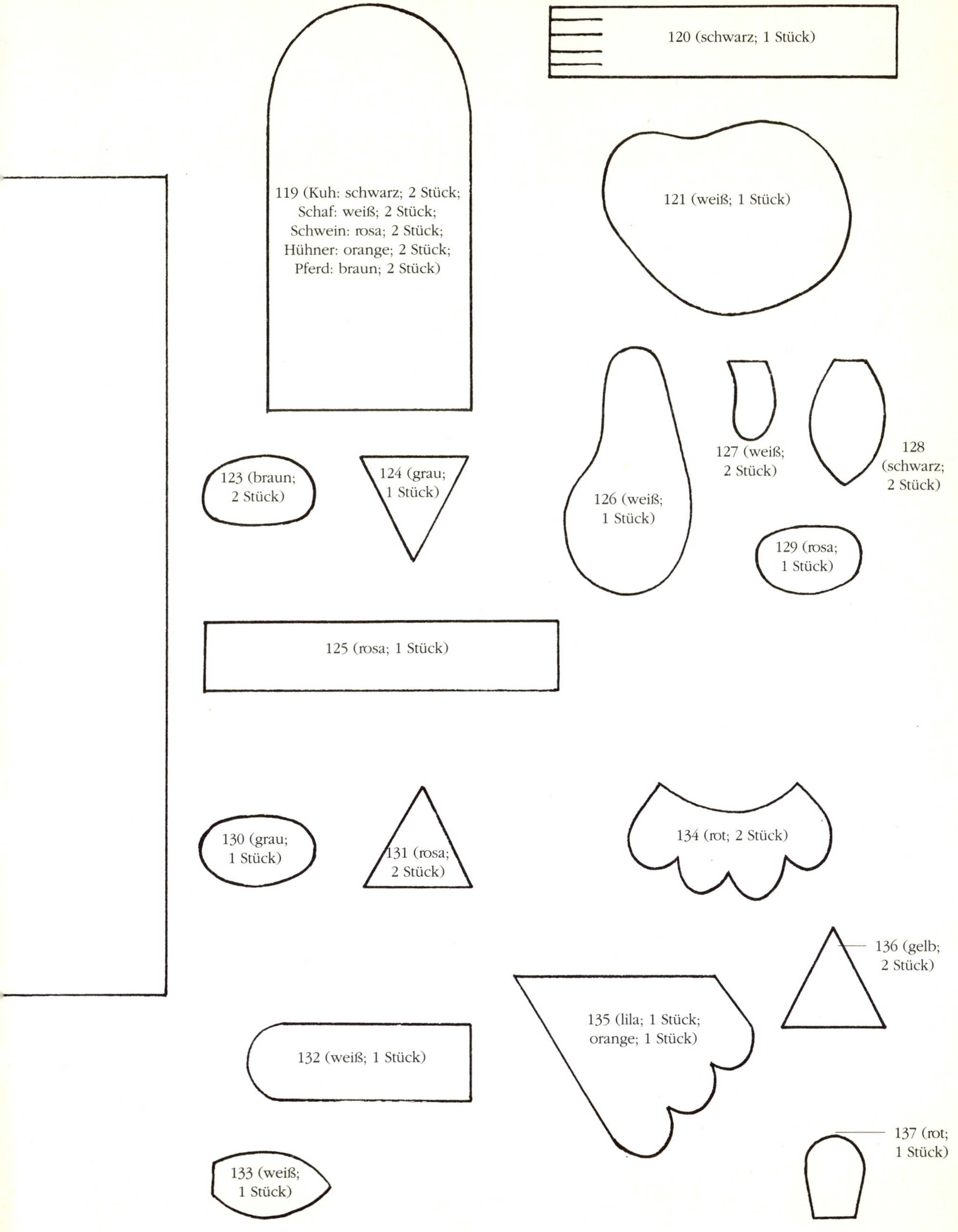
120 (schwarz; 1 Stück)
119 (Kuh: schwarz; 2 Stück; Schaf: weiß; 2 Stück; Schwein: rosa; 2 Stück; Hühner: orange; 2 Stück; Pferd: braun; 2 Stück)
121 (weiß; 1 Stück)
123 (braun; 2 Stück)
124 (grau; 1 Stück)
126 (weiß; 1 Stück)
127 (weiß; 2 Stück)
128 (schwarz; 2 Stück)
129 (rosa; 1 Stück)
125 (rosa; 1 Stück)
130 (grau; 1 Stück)
131 (rosa; 2 Stück)
134 (rot; 2 Stück)
136 (gelb; 2 Stück)
135 (lila; 1 Stück; orange; 1 Stück)
132 (weiß; 1 Stück)
137 (rot; 1 Stück)
133 (weiß; 1 Stück)

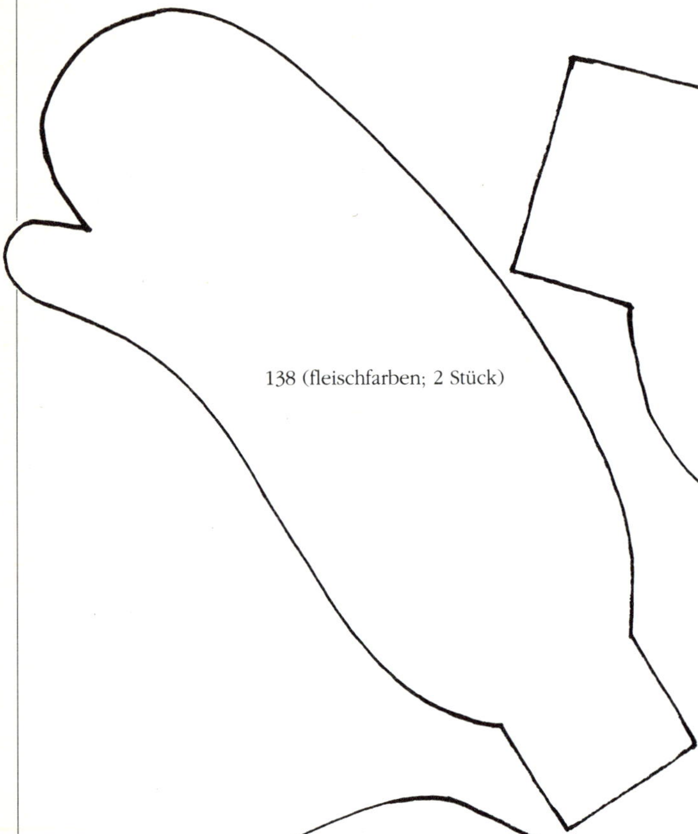
138 (fleischfarben; 2 Stück)

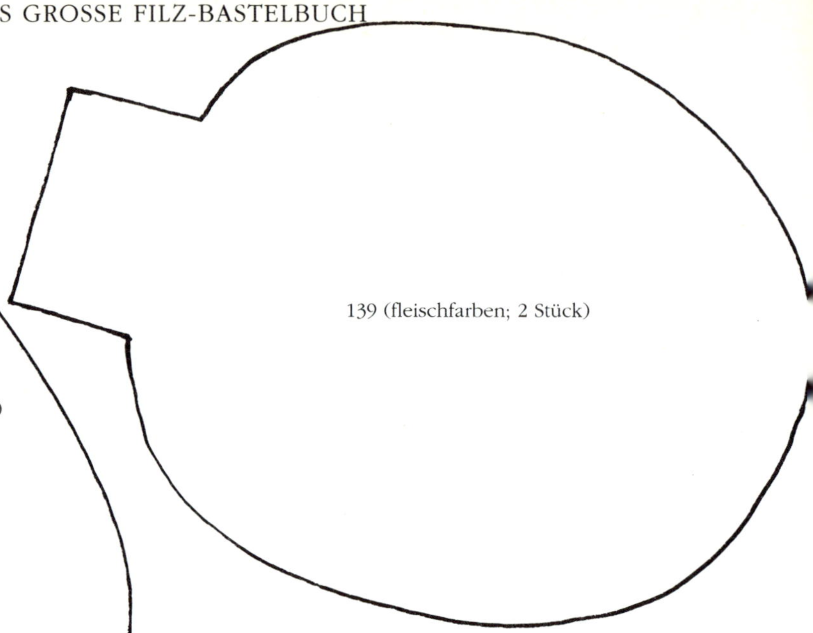
139 (fleischfarben; 2 Stück)

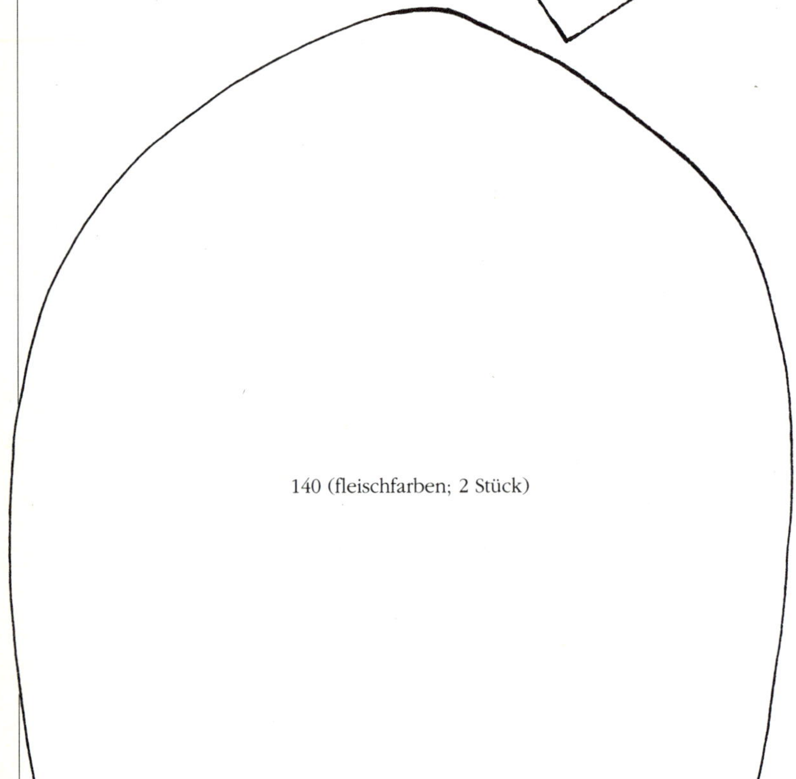
140 (fleischfarben; 2 Stück)

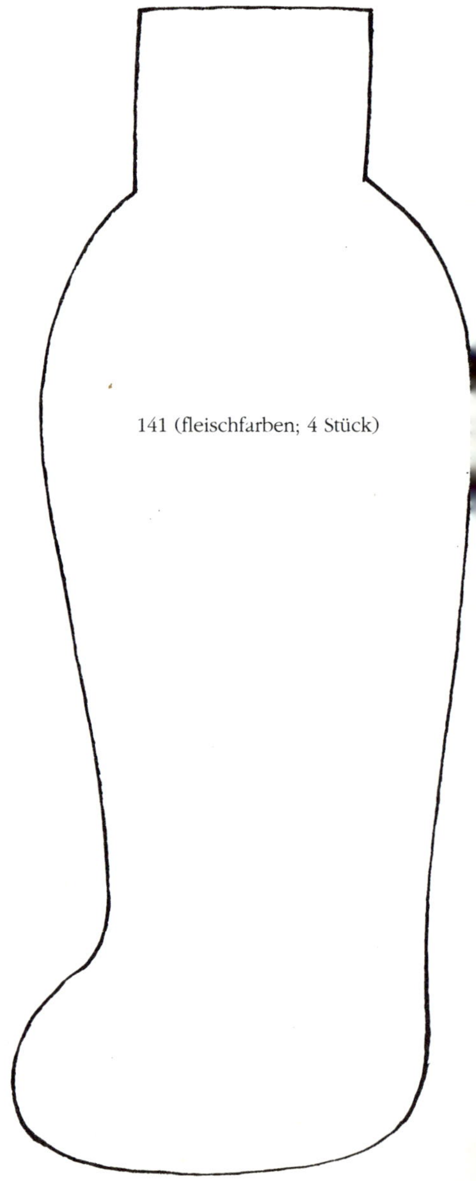
141 (fleischfarben; 4 Stück)

142 (blau; 2 Stück)

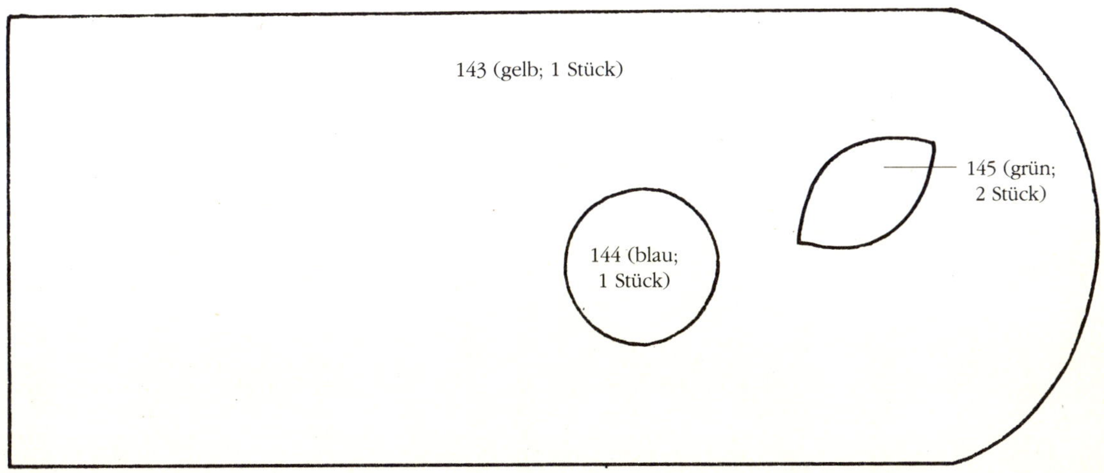
143 (gelb; 1 Stück)
145 (grün; 2 Stück)
144 (blau; 1 Stück)

146 (blau; 1 Stück)

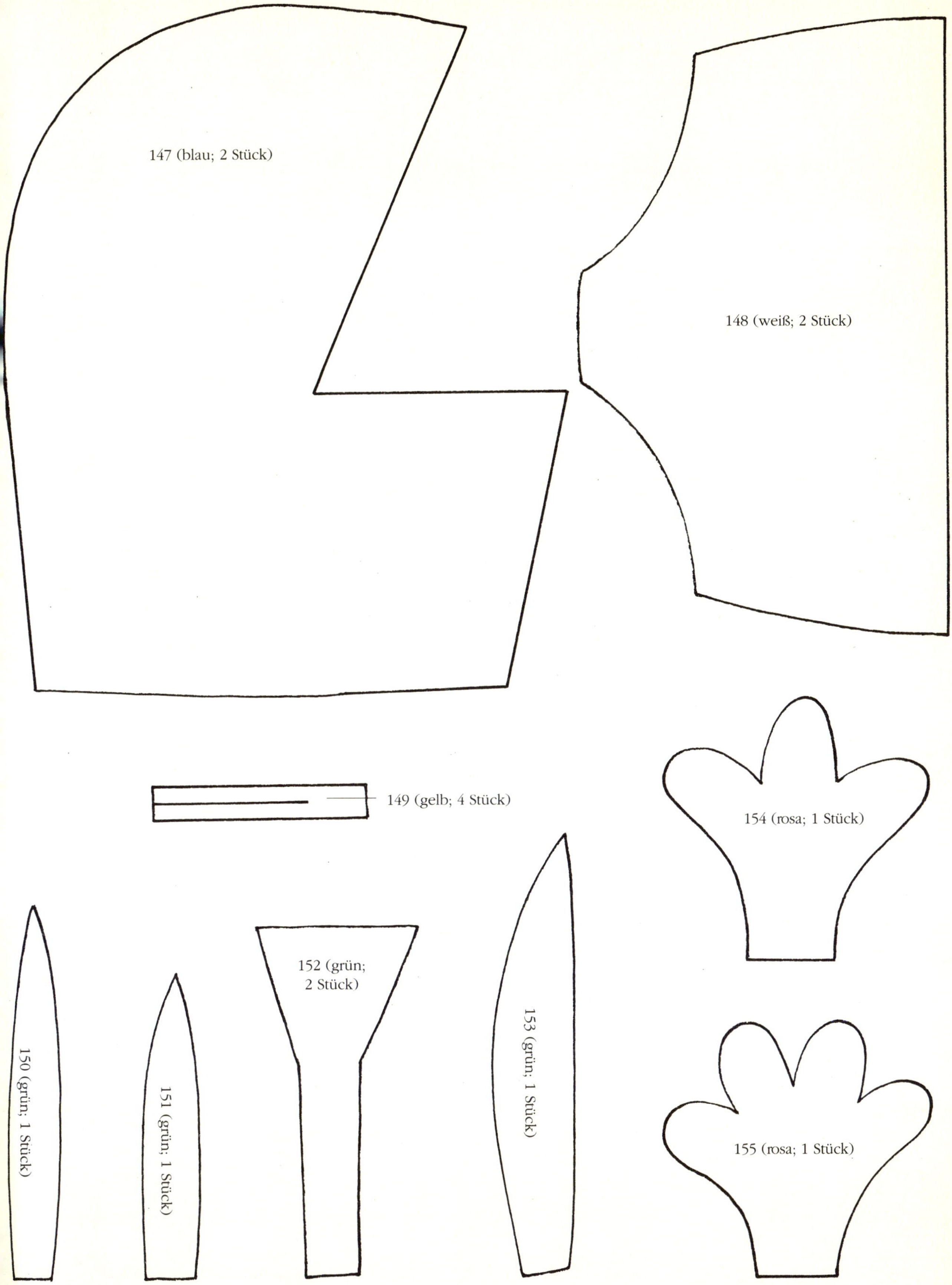
147 (blau; 2 Stück)
148 (weiß; 2 Stück)
149 (gelb; 4 Stück)
154 (rosa; 1 Stück)
150 (grün; 1 Stück)
151 (grün; 1 Stück)
152 (grün; 2 Stück)
153 (grün; 1 Stück)
155 (rosa; 1 Stück)

156 (grau; 1 Stück)

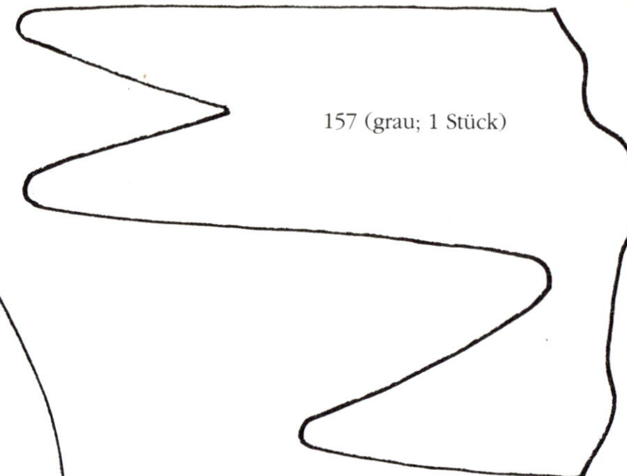

157 (grau; 1 Stück)

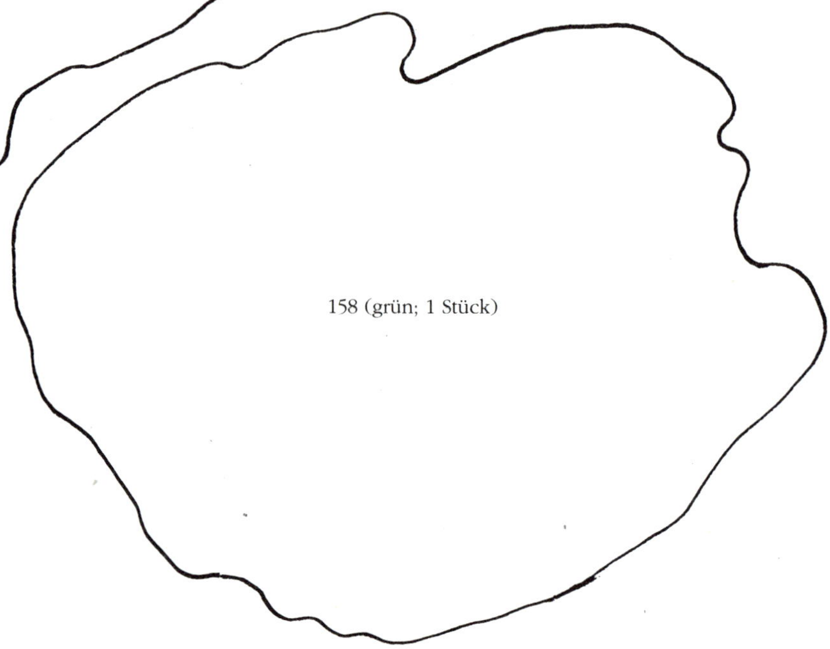

158 (grün; 1 Stück)

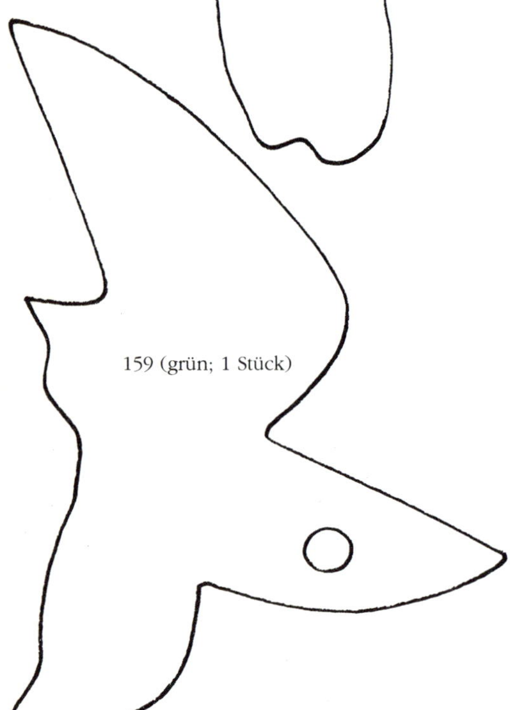

159 (grün; 1 Stück)

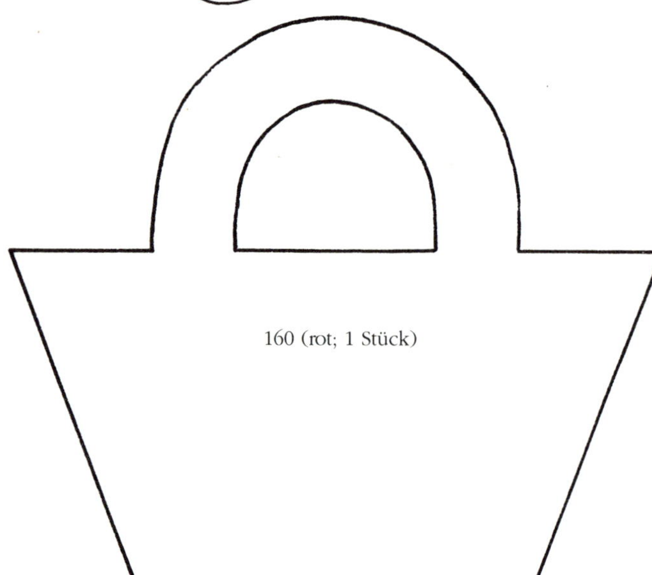

160 (rot; 1 Stück)

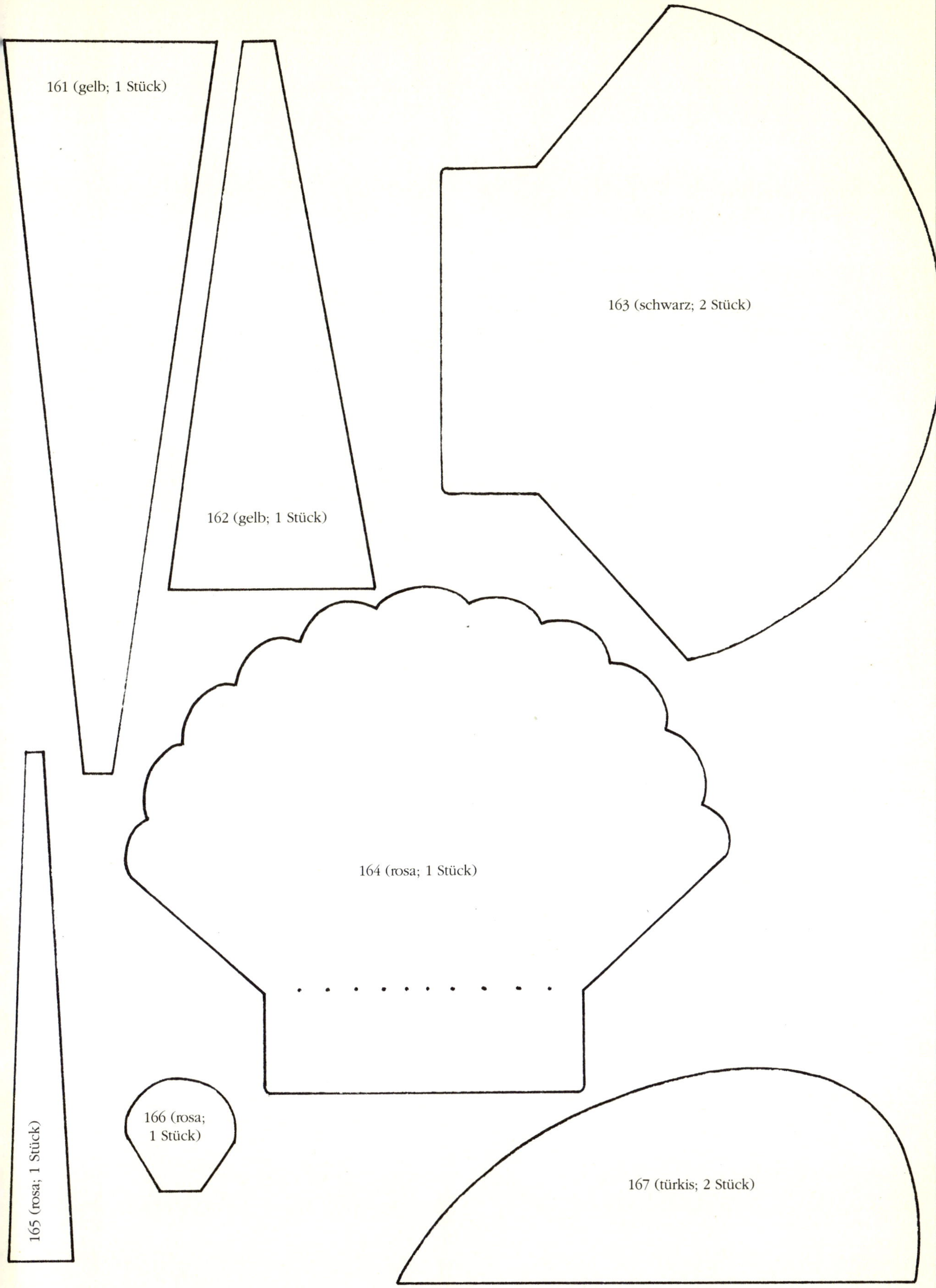
161 (gelb; 1 Stück)
162 (gelb; 1 Stück)
163 (schwarz; 2 Stück)
164 (rosa; 1 Stück)
165 (rosa; 1 Stück)
166 (rosa; 1 Stück)
167 (türkis; 2 Stück)

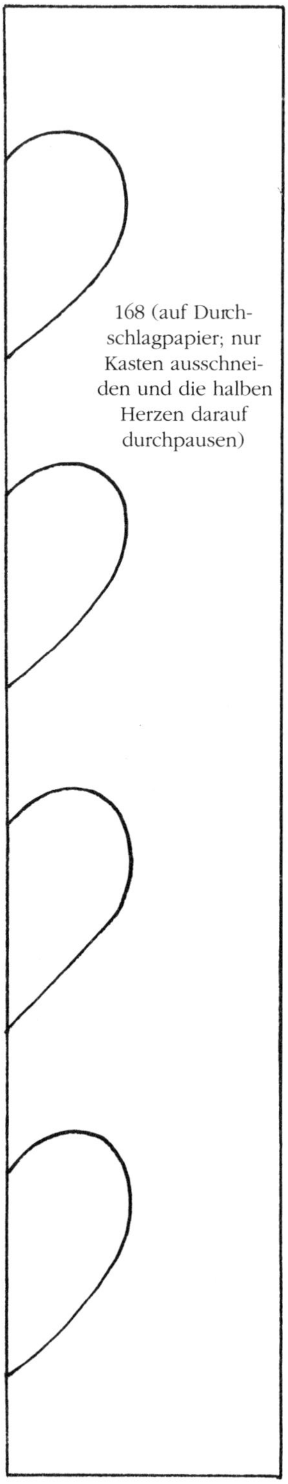
168 (auf Durch-
schlagpapier; nur
Kasten ausschnei-
den und die halben
Herzen darauf
durchpausen)

169 (dunkelblau; 1 Stück;
rot; 1 Stück;
blau; 1 Stück)

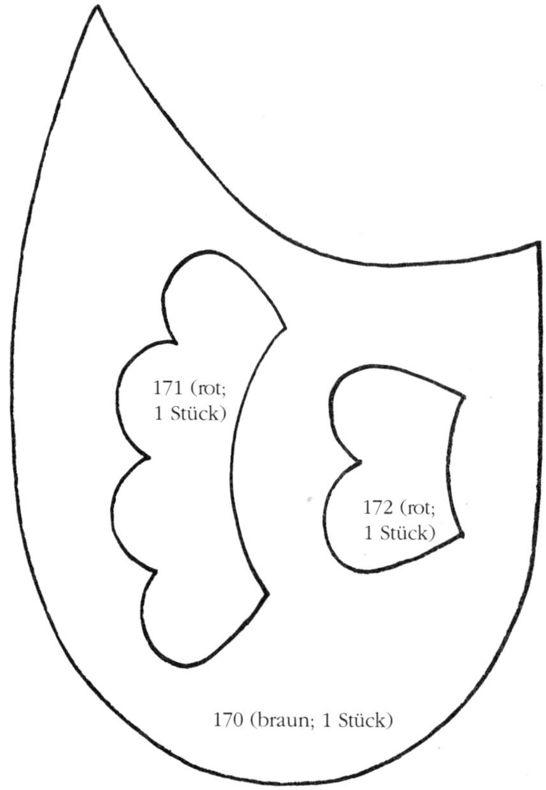
171 (rot;
1 Stück)
172 (rot;
1 Stück)
170 (braun; 1 Stück)

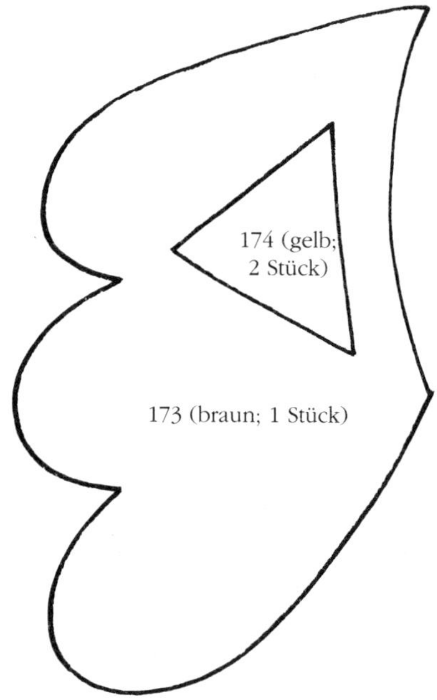
174 (gelb;
2 Stück)
173 (braun; 1 Stück)

176 (auf Pappe; 1 Stück)
175 (schwarz; 2 Stück)

177 (rot; 1 Stück)

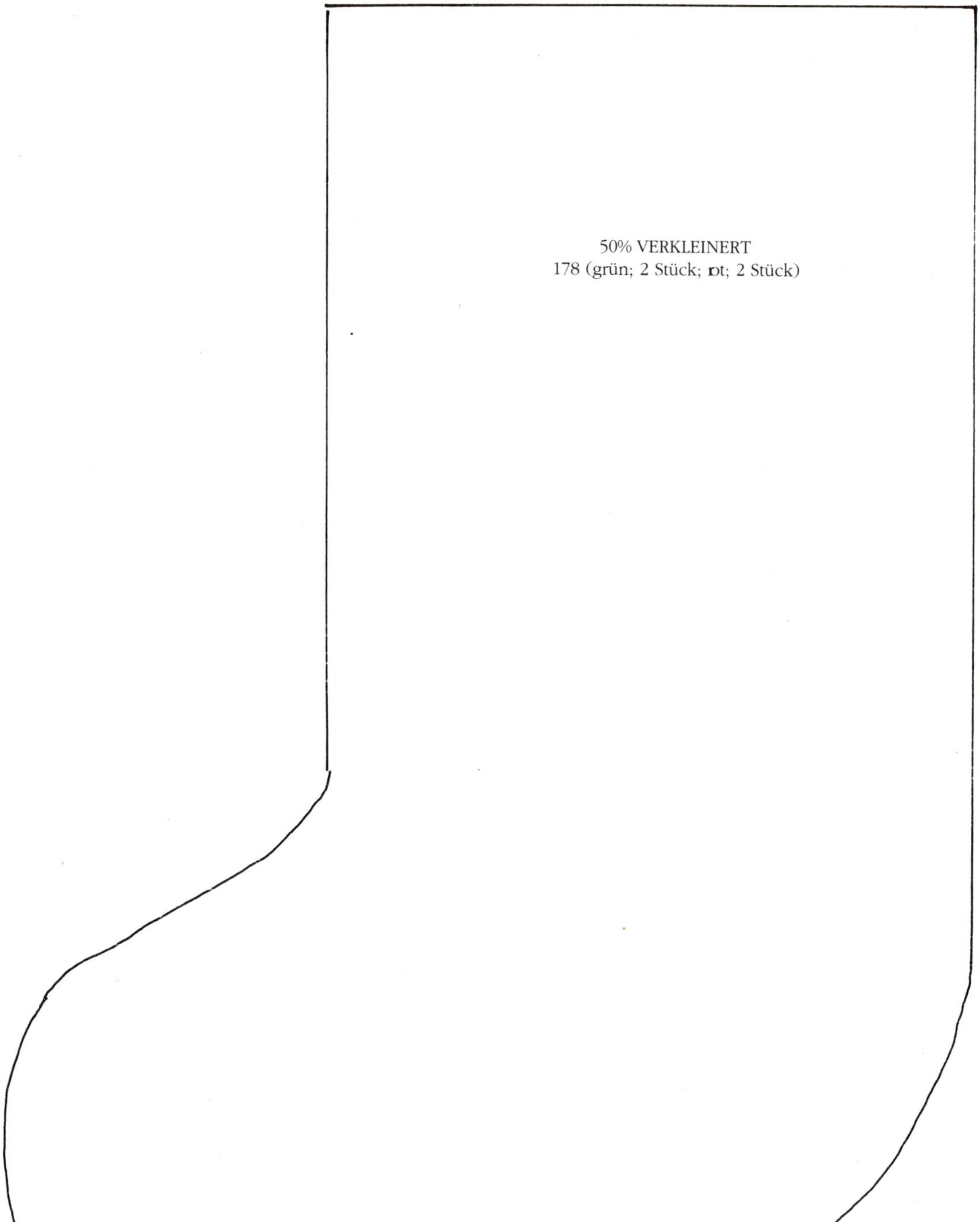
50% VERKLEINERT
178 (grün; 2 Stück; rot; 2 Stück)

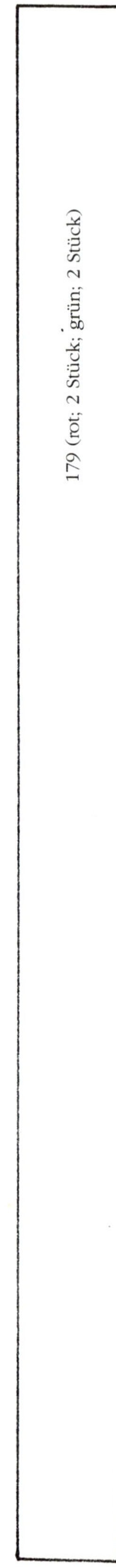
179 (rot; 2 Stück; grün; 2 Stück)

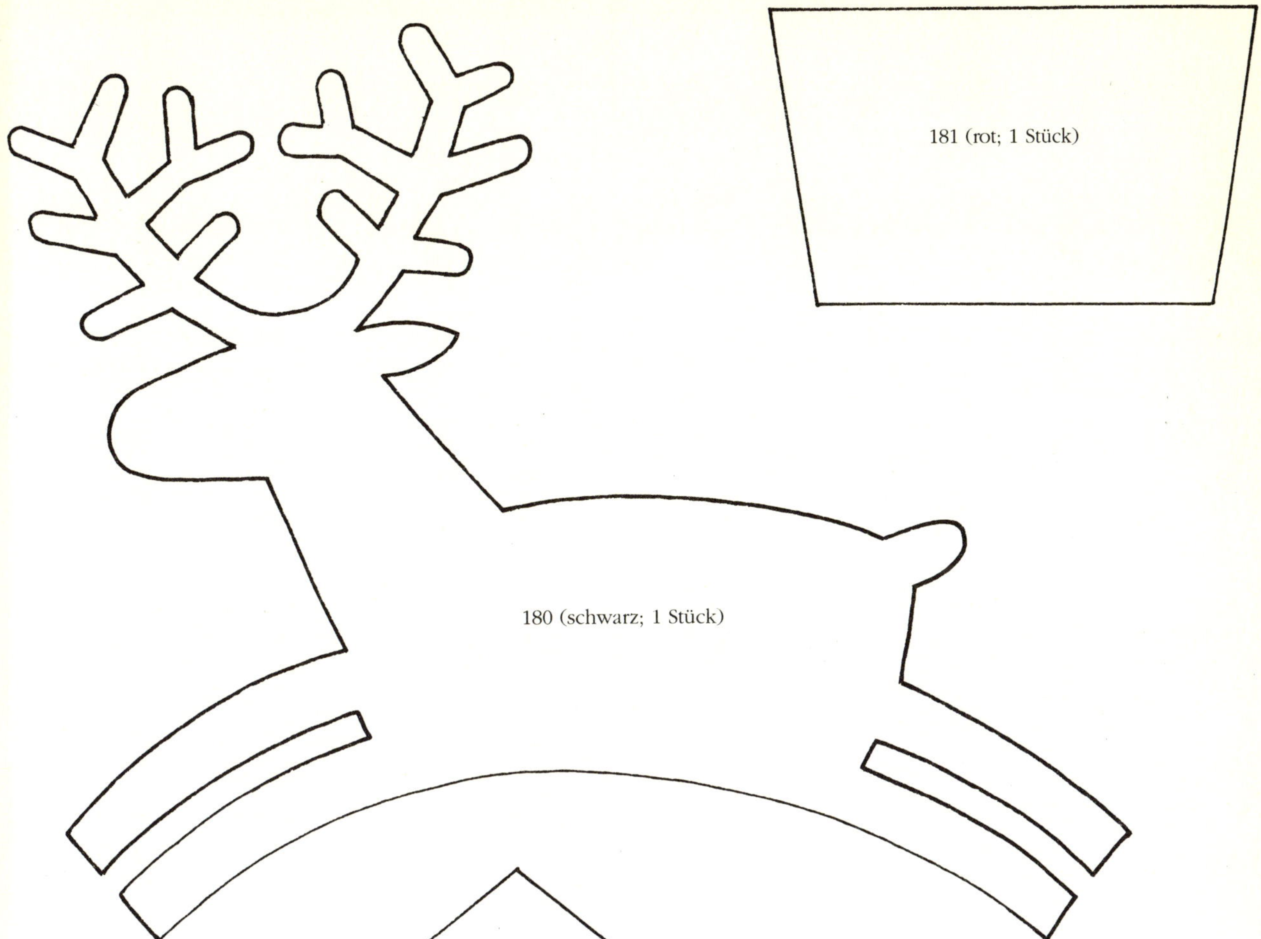
181 (rot; 1 Stück)
180 (schwarz; 1 Stück)

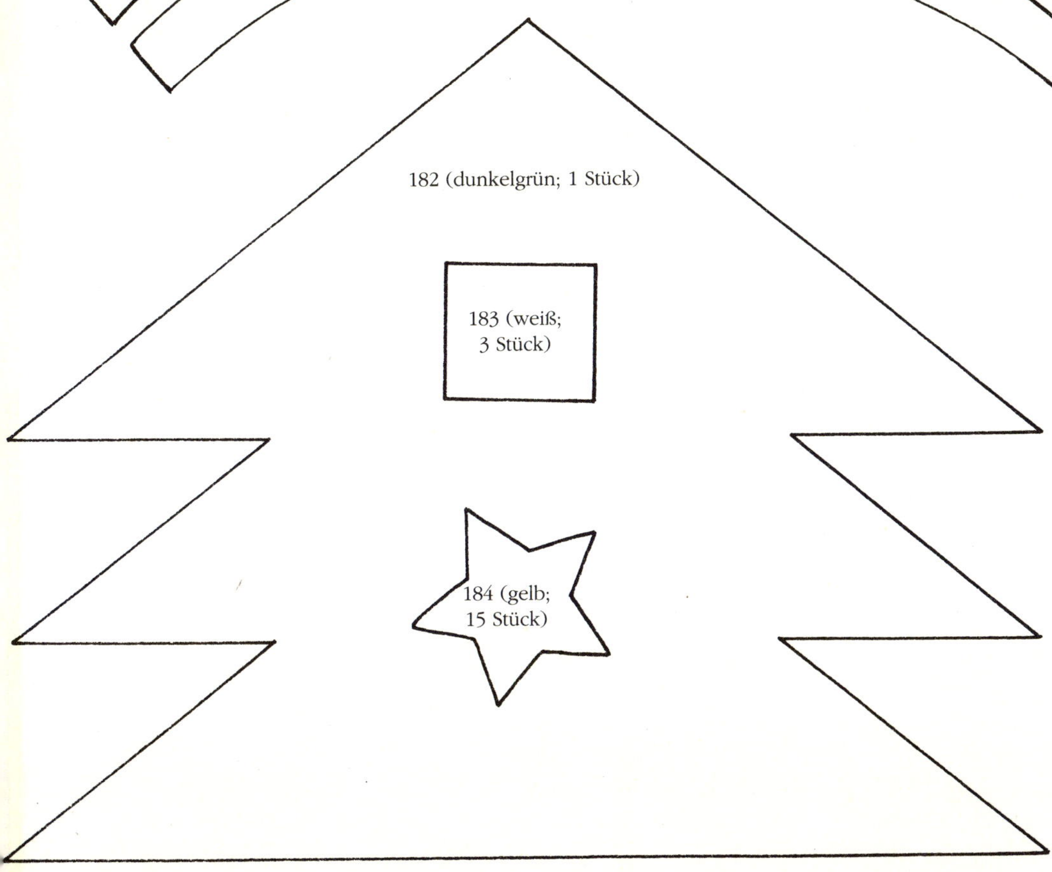
182 (dunkelgrün; 1 Stück)
183 (weiß; 3 Stück)
184 (gelb; 15 Stück)

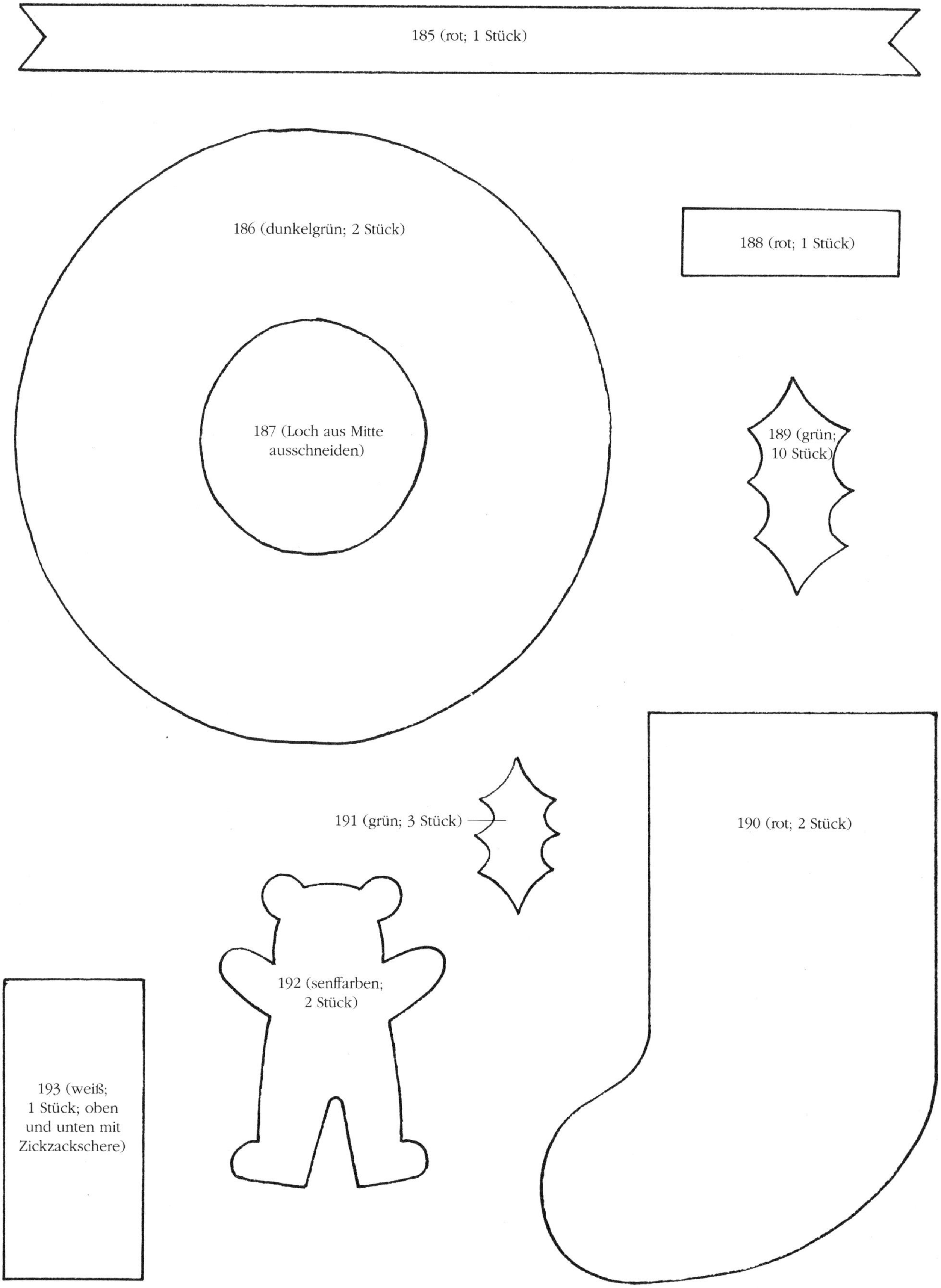
185 (rot; 1 Stück)
186 (dunkelgrün; 2 Stück)
188 (rot; 1 Stück)
187 (Loch aus Mitte ausschneiden)
189 (grün; 10 Stück)
191 (grün; 3 Stück)
190 (rot; 2 Stück)
192 (senffarben; 2 Stück)
193 (weiß; 1 Stück; oben und unten mit Zickzackschere)

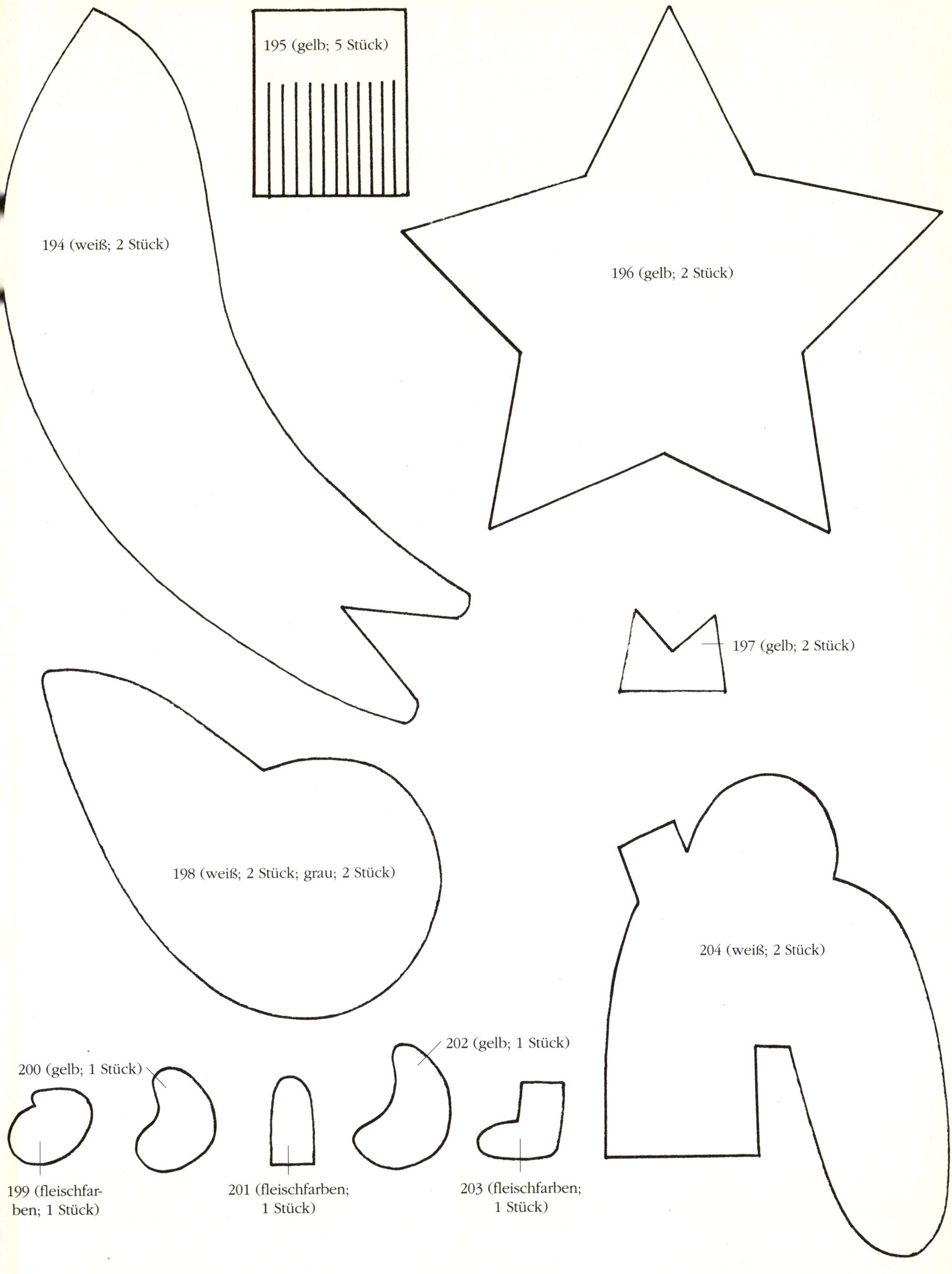
195 (gelb; 5 Stück)
194 (weiß; 2 Stück)
196 (gelb; 2 Stück)
197 (gelb; 2 Stück)
198 (weiß; 2 Stück; grau; 2 Stück)
204 (weiß; 2 Stück)
200 (gelb; 1 Stück)
202 (gelb; 1 Stück)
199 (fleischfarben; 1 Stück)
201 (fleischfarben; 1 Stück)
203 (fleischfarben; 1 Stück)